JN432520

내란의 힘

한정빈 저

도서출판 진영사

내란의 힘

한정빈 저

2025년 6월 20일 초판 인쇄
2025년 6월 26일 초판 발행
발행인 박 진 영

발행처 도서출판 진영사
인천광역시 부평구 주부토로 236 인천테크노밸리 U1 지식산업센터
B동 1507호
전화 : 032)505-4207
팩스 : 032)505-4206
E-mail : 0183734207@hanmail.net
등록 : 제2007-000001호

ISBN 978-89-6541-710-1 (03300)
값 17,000원

저자와의 합의로 인지첨부를 생략합니다.
저작권법의 보호를 받는 저작물입니다.
내용과 구성의 무단 전재 및 도용을 금합니다.

도서를 시작하며

2024년 12월 3일은 대한민국과, 대한민국 국민과, 대한민국 정부와, 대한민국 국회와, 대한민국 법원과 헌법재판소에 이르기까지 모두에게 비극적인 하루였다.

어쩌면 대한민국의 정치뿐만이 아니라 경제, 사회, 문화에 이르기까지 2024년 12월 3일 이후에 이 정도의 비극적 정치사를 겪는 것은 앞으로 없을 수도 있을 정도라고 강하게 짐작된다.

12.3 내란 사건은 한국 사회에 수십 년간 제도적으로는 안정되어 있다고 평가받던 한국형 민주주의의 대위기를 초래함과 동시에 제6공화국의 대통령제 체제가 과연 지속될 수 있는가를 보여준 상징적 대사건이었고, 또한 대한민국의 민주주의를 파괴하려는 내란 세력이 결코 한둘 수준의 극소수가 아니었으며 적절한 기회만 주어진다면 얼마든지 "자유민주주의 헌정질서"를 무너뜨리고 20세기의 군사 독재를 부활시키려 하는 야욕을 품은 자들이 이 나라 정치사회 곳곳에 숨어 있었음을 적나라하게 보여준 사건이 아닐 수 없다. 또한 설령 군사 독재 체제가 기어코 성립된다고

하더라도 상대 당과 상대 정치인만큼은 대통령, 여당 되게 해서는 안 된다는 극단적인 진영 논리가 아직까지도 한국 사회에서 죽지 않고 남아 있으며 심지어 일부 계층에선 상당히 건재한 수준이라는 것을 이번 내란이 여실히 보여주고 있다.

12.3 내란 획책의 책임이 전적으로 자신들이 배출한 대통령에게 있음에도 불구하고 내란 수괴의 군 통수권을 단지 "민주당 여당 되는 것"을 막기 위해서 유지 시키려고 암약하였던 국민의힘 정당의 반헌법적 내란 동조 행위는 "당론"이라는 도장을 찍어 버린 이상 이후 어떤 선택을 결행하더라도 위헌 정당 내지 내란 동조 세력이라는 꼬리표를 결단코 뗄 수 없을 것이고, 없어야만 할 것이다.

필자 및 대한민국 국민 전체가 이번 내란으로 인해 얼마나 크게 분노하고 있는지는 구태여 일일이 증거를 가져오지 않더라도 내란 세력 그들 스스로가 제일 잘 알고 있을 것이다.

필자가 집필한 이번 도서의 구조는 1번, 2번 목차에서 이번 내란이 발생하게 된 원인을 다룰 것이며 3번, 4번 목차에서 내란 세력에 대한 단죄 절차와 내란의 항구적 예방에 대해 필자가 생각하는 모든 해결 방안을 총망라하여 다루어 보고자 한다.

도서를 시작하기에 앞서 이번 내란 사건에 대한 필자의 개략적 입장을 필자가 소속된 시민단체인 모병제추진시민연대가 작성한

다음 시국 선언문을 첨부하여 대신한다.

국민의 짐이자 국민의 적으로 전락한 국민의힘을 반드시 국민의 힘으로 심판해야 한다.

2024년 12월 3일을 기점으로, 대한민국의 주적이자 '반국가세력'은 하나가 아니게 되었다.

지난 수십년 세월 대한민국의 실질적 주적이자 반국가세력은 헌법상 북한 정권 단 하나로 간주되었지만 이제부터는 위헌, 위법을 남발하며 민주주의를 파괴하고자 하는 목적으로 내란을 획책한 윤석열 수괴와 그 부역자들 또한 대한민국의 주적으로 반드시 간주 되어야만 하겠다.

국민의힘은 결국 12.3 내란 사태에 대해 무엇 하나 뚜렷하고 확실한 입장을 내지 못하고 탄핵 찬성이냐 반대냐 저울질만 하다 결국 내란 획책이라는 중대한 위헌 행위를 국무총리-여당 대표 연정이라는 또 다른 위헌 행위로 덮어버리려 시도한 어처구니없는 선택을 감행한 것, 계엄령 직후 내란 수괴 윤석열에게 전화를 받고 수십 명의 의원들을 국회 본회의장으로 가지 못하게 하고 당사로 유도한 것, 내란을 획책하고 군대를 동원해 자유민주주의 헌정질서를 파괴하려 시도한 반국가세력으로 전락한 윤석열의 대통령 직무를 즉시 정지시키는 데 일조하기는커녕 "당론"으로 내란 세력을 끌어내리는 데 반대하고 탄핵소추안 표결에 끝끝내 불참한 국민의힘 소속 국회의원이 105명에 이르는 것까지 통틀어, 위헌 행위를 옹호한 책임과 내란 행위에 동조한 책임을 결코 피할 수 없을 것이다.

또한 국민의힘과 국민의힘 소속 주요 국회의원들은 여러 차례 "이재명 대통령 만들기"에 반대하는 차원에서, "민주당 거대 여당 만들기"에 반대하는 차원에서 탄핵소추안을 당론으로 반대한다고 공언해 왔는데 이는 사실상 민주당에게 여당 지위를 빼앗기는 것이 내란 사범의 직무 유지보다 더 최악이라고 국민의힘 내부 중진 대부분이 생각하고 있다는 사실을 만천하에 밝힌 격이 아닐 수 없다. 명백한 내란 사범의 대통령직을 유지 시키려는 상식 이하의 아전인수식 오판을 단지 "야당에 대한 반감" 이라는 어처구니없는 이유로 추진하고 실행시킨 것으로 모자라서 국무총리-당 대표 연정이라는 위헌을 위헌으로 덮으려는 시도까지 감행하여 국민의 분노를 2중, 3중으로 가중시키고 대한민국의 정치, 경제, 사회, 문화 전체에 막대한 악영향을 실시간으로 미치고 있다고 보아야 한다. 이제 더 이상 국민의힘은 국민의 힘이 되지 못하고 있다. 국민의 힘은커녕 5천만 국민에게 덜어내기 힘든 짐을 지우고 있으며, 민의를 정면으로 거스르고 민주주의를 훼손하며 헌정 질서를 붕괴시키는 국민의 적으로 자리매김하고 있는 것이다.

모병제추진시민연대는 대한민국 국회와 5천만 국민에게 국민의힘이 이번 12.3 내란 사태에 연루된 이후 시행한 당 차원에서의 대응은 그 자체가 위헌의 위헌으로 점철되어 있다는 것을, 또한 모병제추진시민연대가 모병제 도입과 함께 통렬히 주장하여 왔던 문민통제 확립은 결국 지켜지지 않았고, 이 미흡한 문민통제가 군의 파벌, 소위 '충암고' 라인 문제 해결의 부재부터 시작하여 결국 위헌 위법적인 친위 쿠데타가 계획되고 실행되는 것을 전혀 막지 못한 결정적 원인으로 작용하였음을 고한다. 국민의힘은 이 모든 책임을 지금부터라도 통렬히 깨닫고 스스로 국민에게 수없이 반복하여 외치던 "자유민주주의"를 지키는 데 일조하여야 할 것이며 그렇지 않을 경우 국민의 힘으로 심판당하는 내란 동조 집단이 될 수밖에 없을 것이라는 점을 다시금 상기하기를 바란다.

2024년 12월 12일

모병제추진시민연대

목차

1

내란의 힘은 어디에서 나왔고,
언제부터 커지기 시작했는가?

1-1) 한국 사회에 뿌리 깊은 권위주의

1-2) 진보적 담론이 발전, 확장되지 못하는 보수적 정치관 및 고정관념의 원인

1-3) 완성되어 있는 민주주의 제도, 그러나 제도에 비해 없는 수준인 민주시민교육

1-4) 발전하는 미디어를 이용한 광범위하고 조직적인 허위사실 유포와 그 폐해

1

내란의 힘은 어디에서 나왔고, 언제부터 커지기 시작했는가?

1-1) 한국 사회에 뿌리 깊은 권위주의

12.3 내란을 다루며, 필자는 한국 사회에 뿌리 깊게 자리 잡은 권위주의라는 주제를 도저히 다루지 않고 지나갈 수가 없었다.

한국 정치의 구도는 현재 6월 항쟁으로 군사 독재 세력들을 끝내 국민의 손으로 끌어 내리고 기어코 국민의 힘으로 완전히 확립시킨 제도적 민주화라는 밝은 현상 속에서, 6월 항쟁이라는 대혁명의 성공으로도 한국 사회 내에 공존하던 권위주의의 청산에는 끝내 실패하였다는 점과 이에 의거한 정치적 보수주의의 고착화라는 어두운 면이 언제나 공존하고 있다. 그리고 이러한 한국 사회의 권위주의는 기나긴 군사 독재의 역사를 일부, 혹은 전부 합리화/정당화하려는 극단주의자들의 시도와 결부되면서 제도적 민주주의가 확립되고 군사 독재 세력들이 청산되어 가는 과정의 시작부터 상당히 찝찝하고 아쉬운 사례들을 양산한 제일의 원인으로 작용하였던 것 역시 명백한 사실이다. 대한민국의 민주주의 역사를 간략히 되짚어 보면 1987년 6월 항쟁의 최대 의의는 대한민국과 대한민국 국민이 쟁취한 건국 이래 가장 위대한 성과라고 할 수 있는 제도적 민주화의 확립이라 할 수 있다. 이는 그 누구도 결단코 부정할 수 없는 일인데, 한국은 건국 이래 민주주의가 실질적 제도로써 굳건히 보장된 역사가 6월 항쟁 이전에는 없다시피 했고, 기나긴 독재 정권의 탄압을 겪는 와중에도 한국 국민의 총의가 민주주의의 확립에 있다는 것을 4.19 혁명, 부마 민주항쟁, 5.18 민주화 운동과 같은 투쟁의 역사는 여실히 보여주고 있었으며, 끝내 6월 항쟁으로 9차 개헌을 성공시키기까지 하며 영광스러운 국민주권 확립의 역사를 이룩해냈다는 것은 분명히 전무후무할 성과라 할 수 있다. 그러나 '제도적' 민주화라는 결과를 한국 국민이 스스로 수많은 피땀을 흘린 끝에 기어코 "국민의 혁명"이라는 정통성 있는 과정으로 이룩해냈다는 중대한 한 진보를 맞이함과 동시에, 그 민주화가 순전히 제도적인 민주화에 국한되었을 뿐 한국 사회가 민주주의 사회에 걸맞은 사회적 진보와 국민 의식의 진보를 모두 이룩해내지는 못하였다는, 즉 사회적 민주화까지 전부 이룩해내는 단계에는 아직 도달하지 못하였다는 중대한 한계점을 모두 내포하고 있기 때문이다. 즉 6월 항쟁으로 제도적 민주화를 쟁취해 냈음에도 불구하고 한국 사회 내부에 깊게 뿌리박힌 권위주의에서 완전히 탈피하여 군사 독재 체제, 군사 독재 세력의 종식과 함께 수준 높은 민주주의 제도에 걸맞은 사회로 환골탈태하지는 못하였다는 것인데, 필자는 이를 토대로 한국의 민주주의 현황은 결함 없는 민주주의보다는 "한국식 민주주의" 내지 "권위주의적 민주주의"에 가까운 과도기적 형태에서 진보하지 못하고 있다고 감히 규정하고자 한다.

그렇다면, 한국의 민주주의 현황을 권위주의적 민주주의라고 규정, 정의해야 하는 이유는 무엇일까? 필자는 한국의 "생활 속 권위주의", 즉 마이크로 파시즘적 요소가 정치, 사회, 문화, 교육을 통틀어 대한민국 전역을 점령하고 있는 실상이 현재 진행형이기 때문이라는 점을 우선으로 지적한다. 더불어 "민주주의 없는 민주주의" 내지 "민주주의로 인해 파괴된 민주주의"라는 최악의 형태로 한국의 민주주의가 변질되고 있었다는 것을 우리 사회가 조기에 눈치 채지 못한 것 또한 지적하고자 하며, 독재적 권력이 한국 사회에 다시 등장하는 것을 원천 봉쇄하려는 시도가 부족했던 나머지 이제는 선동을 막으려 해도 자력으로 쉽사리 막을 수가 없을 정도로 대단히 권위주의와 선동에 취약한 형태의 사회 구조에서 벗어나지 못하고 있다는 것, 또 벗어날 생각조차 하지 못하고 선동을 무기로 삼는 자들에게 휘둘리고 있는 것 역시 한국이 권위주의적 민주주의에서 벗어나지 못하는 제일의 원인이라고 강하게 지적하고자 한다. 우선 대한민국의 민주주의는 분명 기나긴 독재적 권력이 대단히 오랜 시간 집권하는 현실 속에서 건국 이래 수십 년간 이론과 실체가 다른 개념에 불과하였다. 그러한 독재적 권력은 수십 년간 민주주의를 위한 열망과 민주주의를 원하는 전 국민의 총의, 행동을 탄압하는 데에 주력하였으며 이는 한국 사회가 제도적으로 독재적이고 권위적일 뿐만이 아니라 사회 구성원 개개인에게 권위주의적 성향, 권위주의적 편견을 주입하고 이를 확산시킨 것에 심대한 영향을 끼쳤다는 부정할 수 없는 역사적 사실이 존재하고 있다. 또한 6월 항쟁의 성공으로 제도적 민주화가 확립된 이후 한국 정치의 주류 패러다임은 본격적으로 제도적 민주화의 확립 이후의 이상향, 즉 "풀뿌리 민주주의"로 진행되는 단계를 어떻게 거쳐야 민주주의를 '공고화'하여 진정한 '민주국가'를 건설할 수 있는가로 전환되었는데, 안타깝게도 대한민국 정치는 제도적 민주화를 이룩한 이후 12.3 내란이라는 민주주의의 위기가 발발한 현재에 이르기까지 민주 국가는 만들어 냈을지언정 민주 사회를 만들어 내지는 못하고 있다고 필자는 평가한다. 1987년 6월부터 2024년 12월 3일까지를 통틀어 제도적 민주화 이후의 현대사를 모두 분석하여 볼 때 한국의 정치는, 한국의 사회는, 한국의 교육은 민주주의의 항구적 유지/발전에 대한 보편적 민주 시민 의식을 전 국민에게 공고히 자리매김하도록 하는 데에는 실패하고 있다고 필자는 분석하고 있다. 이러한 권위주의적인 사회 분위기가 1987년 6월 이후로도 한 번도 무너지지 않고 지금까지 한국을 지배하고 있었기 때문에 제도적 민주화 이상의 진보를 이룩하지 못하고 권위주의적 민주주의 사회를 벗어나지 못한 채 민주주의 체제 수호에만 급급했다는, 즉 "권위적 사회로부터의 해방"이라는 제도적 민주화 이후의 단계에는 끝내 돌입하지 못하고 있다는 점에 주목할 필요가 있다.

한국 사회 내 민주주의 의식 공고화의 실패는 수많은 예로써 증명이 가능하겠지만, 이번 12.3 내란 이전 마지막 내란이자 대표적인 성공한 내란이었던 신군부 세력의 내란 우두머리인 전두환이 감옥에 갇혀 있던 시기가 결코 그 죄질에 비해 길지 않았다는 점과 내란의 핵심 세력이라고 할 수 있는 노태우의 대통령 당선이 그 원인 중 하나라고 설명할 수 있을 것이다. 비록 노태우 후보는 선거전에서 철저한 군사 독재 청산을 공약으로 내걸었으며 실제로도 더 이상의 독재 부활 시도로 이어지지 않고 평화적 정권 이양이 이루어지긴 하였으나, 내란 행위를 저지른 자들이 내란죄의 죄질에 상당하는 수준의 처벌을 받지 않고 그 성공한 내란의 주역 중 한 명이 도리어 민주화 이래 첫 대통령으로 당선되기까지 하였다는 사실은 "성공한 내란이 제대로 처벌되지 않았다는" 선례를 역사에 강하게 남겼으며, 2024년에 이르러 12.3 내란이라는 형태의 친위 쿠데타라는 최악의 형태로써 국민 앞에 돌아오게 되었다. 특히 이번 12.3 내란은 그 시작과 끝이 모두 "극우적 선전 선동"으로 이뤄져 있다고 해도 무방할 정도로 역사와 진실을 호도하고 선동과 날조, 폭동적 행위로써 그들이 원하는 20세기 독재 체제로의 회귀를 추구하려는 세력들이 일으킨 극단적 준동의 수준이 유독 남다른 데에 있어 그 원인 중 하나로 지난날의 내란 세력에 대한 처벌의 미흡이 지적되는 것은 내란 세력을 제대로 청산해 내지 못한 것이 한국 사회에 뿌리 깊은 정치적 교조주의, 극단주의가 대두되는 것에 분명한 영향을 미쳤기 때문이라고 필자는 분석하는 바이다.

그러나, 원인이 그러한 민주화 당시 현대사와 내란 청산 미비에 국한되느냐? 라는 질문을 만약 필자에게 던진다면 절대 그렇지 않다고 확실히 단언할 수 있을 정도로 권위주의로 인한 정치적 보수주의 고착화는 결코 그리 단편적으로 특정할 수 있는 현상이 아님은 명백하다. 그렇다면 그 수많은 원인 중 가장 대표적으로 뽑히는 사례들은 무엇인가? 이러한 질문에 필자는 권위주의의 가장 큰 원인으로 오직 그 당시 한국의 경제 성장을 근거로 독재를 정당화하고 그 해악을 평가 절하하고 있는 한국 내 정치 보수층의 그릇되고 편협한 역사 인식 문제를 논하고자 한다. 우리가 정치 이야기를 논함에 있어, 특히 기성세대를 중심으로 가장 흔히 들어볼 수 있는 의견이 하나 있다면 바로 다음과 같은 논조이다.

"박정희 대통령 없었으면 우리나라는 아직도 최빈국이야."

이 한 문장은 정치에 관한 이야기가 나왔다 하면 으레 등장하는 말이기 때문에 대부분이 그냥 세대 차이 혹은 견해 차이 정도로 가볍게 넘어가는 경향이 상당히 강하지만, "민주공화국" 이라는 국체 규정이 헌법 제1조 1항에 새겨져 있는 확고부동한 민주공화국(적어도 1987년 6월 이후로는 실질적으로 민주주의가 정착했다고 평가받으므로)인 대한민국에서 12.3 내란이라는 친위쿠데타가 일어나고 또한 일각에서 12.3 내란을 옳다고 여기며 지지하는 현상이 나타나는 것은 저 단 한 문장의 의미가 결단코 가볍지 않다는 것을 의미할 뿐만 아니라 한국 사회의 권위주의적 성향을 적나라하게 보여주는 심각한 단면을 저 한 문장이 그대로 보여주는 것이라고 필자는 평하고 있다. 대한민국 국토 전체에 실체적이고 사실적이며 견고한 제도적 민주주의를 1987년 6월 항쟁이 만들어 내기는 하였으나, 분명히 윤보선-장면 내각의 제2공화국 체제를 무력으로 무너뜨린 5.16 군사 정변과 국가재건최고회의의 설립이라는 전개 과정은 명목상으로도, 실질적으로도 역사적으로 단죄되어야 할 "내란"이자 "반란"이자 "군사쿠데타"이며 명백히 "민주주의 국가에서 용납될 수 없는" 부정한 방법을 사용하여 국가권력을 자신들의 손아귀에 넣은 행위라고 정의된다. 즉 박정희라는 인물은 집권 이전의 행적이든 이후의 행적이든 적어도 독재의 암흑에서 벗어난 지 40여 년이 지난 현대 한국 사회에서 "당연히" 나와서는 안 되는 독재자이자 내란 수괴로 인식되어야 함이 마땅하나, 현재 한국에서 박정희 "전 대통령"에 대한 평가가 어떤지를 살펴보면 여전히 "보수" 진영에서는 보편적인 고평가를 넘어 가히 "신격화"되고 있음에 의심의 여지가 없다는 것이 현실이 아닌가? 그리고 쿠데타를 통해 집권한(물론 쿠데타 이후 직선으로 대통령직에 선출되었다고는 하지만, 이를 절대 민주주의 체제의 '보편'이라고 볼 수는 없기 때문이다) 독재자에 대한 고평가와 신격화는 그대로 12.3이라는 내란의 재림 속에서 "민주주의"보다는 "반대되는 정치진영 척결"을 외치게 하고, "독재자"를 선거로 선출했어도 선거니까 그것도 민주주의 아니냐는 독재 친화적 정치사상을 공고히 하며 내란 행위에 면죄부를 부여하는 독재주의적 정치진영이 형성되는 데에 대단히 심대한 영향을 미쳤고, 이는 민주주의 의식이 제도적 민주화에 성공한 이후로도 확고히 전 국민에게 보편적으로 자리 잡지 못하였다는 한국식 민주주의의 "절반의 성공"이란 실태가 무엇인지 명확히 대변하는 현상이라는 점에서 그 씁쓸함이 배가 된다. 물론 상술한 6월 항쟁으로 이룩한 제도적 민주화는 한국 사회로 하여금 군사 쿠데타 시도를 절대 있어서는 안 되는 수준을 넘어 무슨 수를 써도 성공할 수가 없는 일로 인식을 굳히는 데에 성공했고, 부당한 방법으로 영구히 집권하려는 독재적 시도를 수십 년간 봉쇄하는 것에도 성공했으며, 그 어느 국가도 쉽사리 이룩해내지 못한 제도적 민주화를 국민의 힘으로 혁명을 일으켜 이룩하는 데 성공한 것 또한 사실이다. 그러나 2024년 12월 3일부터 벌어진 일련의 군사 쿠데타 시도를 다시 상기해 보면 저 한 문장이 가진 심각성에 새삼 재차 주목하지 않을 수 없다. 특히 저 한 문장이 강하게 내포하는, "독재자일지언정 집권 후 공이 뚜렷하므로 우리 모두 기려야 할 위대한 인물이자 정치인이다"라는 독재 옹호에 가까운 평가를 우리는 반드시 주목해야 할 필요가 있다. 이러한 의미를 내포하는 한 문장이 적지 않은 사람들에게 민주화가 이룩된 지 수십 년 뒤에도 여전히 통하고 또한 공감대를 형성하는 데 기여하고 있다는 사실은 민주주의를 항구적으로 유지하는 데에 있어 가장 중요한 것이 민주시민 의식임을 감안할 때 저 문장 하나가 민주주의의 안정을 크게 위협하는 요소로 작용할 수 있는 것이며 실제로도 현재 대한민국의 민주주의를 저 문장 하나에서 파생된 권위주의적 독재에 대한 긍정적 환상이 가장 크게 위협하고 있다고 해도 과언이 아니다. 독재에 대한 긍정적 환상과 "한강의 기적"을 명분으로 하는 국민 기본권 경시, 인권 탄압 경시가 맞물린 결과가 이번 12.3 내란이 되어 전 국민 눈앞에 실시간으로 벌어지고 있는 것이라고 필자는 분석하고 있다. 또한 이토록 독재의 해악성이 민주화가 된 이후에도 묻혀오던 현상을 설명하는 데에 권위주의에 기반한 교조주의 고착화 역시 절대로 빠질 수 없는 요소로 작용한다. 흔히 몇 년 전부터는 정치 이야기를 논함에 있어 이런 문장 역시 빠지지 않는 경향을 보이는데, 그 문장은 다음과 같다.

"아니, 세상이 어느 땐데 군사 독재 얘기야?"

21세기에 접어든 지도 어느덧 만 24년이 되었고, 실제로도 군사주의/독재주의 타파를 위한 노력이 민주화 이후로도 숱하게 이뤄졌으며 실제로도 많은 성과를 거두었음은 명백한 사실이다. 그러나 아직까지 대한민국에 확고부동한 권위주의는 비롯 많은 부분에서 적잖이 개선되었다지만 분명히 실제로 존재하며 그러한 경향성이 심각하게는 "내란 옹호, 독재 정권 고평가"라는 형태로 상당수 실존하고 있다는 것 또한 명백한 사실이다. 혹자는 이 주제를 다루기 시작할 때 필자에게 이렇게 반박할 수 있다. 그저 지극히 편협된 고정관념이고 스테레오타입일 뿐이라고 말이다. 그러나 필자는 그저 "갈등이니 뭐니 다 권위적인 사회 분위기 탓이다"를 주창하려고 이 주제를 다루는 것이 아니며 사회 갈등을 조장하려는 의도는 더더욱 아니다. 필자가 주목하는 것은 권위주의 그 자체일 뿐만이 아니라 "내란 옹호에 권위주의가 영향을 미치고 있다는 점"에 있기 때문이다. 우선 윤석열 정부의 집권 여당이었던 국민의힘이라는 정당은 사실상 그 근본이 민정당, 즉 민주정의당에 있다는 것이 중론인데 민주정의당의 역사를 자세히 살펴보면 과거 전두환 정권 시절 사실상 일당제 정당으로써 내란 세력의 거수기 역할을 해왔던 정당으로 기능하였다는 점을 알 수 있다. 이 민정당이 3당 합당이라는 과정을 거친 끝에 개편되어 만들어진 정당이 민주자유당인데, 민주자유당은 현재 국민의힘 정당의 실질적 전신으로 여겨지기 때문에 그 근본이 민주정의당으로부터 시작된 "민정당계 정당"이 바로 국민의힘이라고 분석해도 무방하다. 문제는 그러한 역사를 가진 정당이 한국 사회에 뿌리 깊은 권위주의를 바탕으로 그간 꾸준히 한국 정치의 보수를 대표하는 포지션으로 군림해 왔고, 심지어는 이미 박근혜-최순실 게이트로 대표되는 국정농단을 직면하였음에도 불구하고 그 "권위주의를 바탕으로 하는 독재자 고평가"에 극적이고 특별하며 근본적인 면의 변화가 전혀 없다시피 했을 정도로 권위주의, 보수주의가 굳건히 유지되는 것에 있다. 이는 비단 한국만의 문제라기보다 동아시아, 그 중에서도 특히 한중일 3국의 정치, 사회를 논할 때 꾸준히 언급되는 정치적, 사회적 문제임이 물론 명백한 사실이지만 아시아 전체를 통틀어도 최고 수준의 제도적 민주화가 이뤄졌다고 평가받는 나라에서 12.3 내란과 같은 사태가 일어났고 일부 극단주의자들이 친위 쿠데타를 시도한 내란 수괴에 대한 단죄를 반대하며 서울서부지방법원 폭동이라는 헌정사에 전무후무한 사건을 일으킬 정도로 권위주의가 극단주의로 이어지는 현상이 여전하다는 점, 그리고 그토록 굳건한 권위주의가 독재에 대한 환상으로 진화하여 극단주의로까지 이어지고 있다는 점은 분명히 특기할 만한 점이다. 그렇다면 군사 독재의 종식을 맞이한 지도 40년 가까이 되고 민주주의도 제도적으로 잘 자리 잡고 있음에도 불구하고 권위주의와 독재에 대한 환상을 품는 사람들이 여전히 건재한 까닭은 대관절 무엇일까? 필자는 다음 단원에서 총 세 가지의 키워드를 제시함으로써 한국 사회를 꾸준히 지배해왔던 권위주의와 보수주의의 원인에 대하여 설명해 보고자 한다.

1-2) 진보적 담론이 발전, 확장되지 못하는 보수적 정치관 및 고정관념의 원인

첫 번째 키워드: "징병제"

보통 징병제와 병역제도를 논할 때 안보적 장단점 및 다각적인 한반도 주변국의 신냉전 구도, 병력 부족으로 인한 폐해 등을 언급할지언정 한국 사회에 녹아 있는 권위주의의 원흉이 현행 병역제도에 있다고 주장하는 것은 결코 흔히 찾을 수 있는 경우가 아니다. 냉정히 따졌을 때 매우 드문 수준이라는 말이 옳은 것 같다. 이를 두고 혹자는 한국만 징병제 하는 것도 아닌데 한국 사회에서 특히나 두드러지는 권위주의랑 징병제가 어떠한 상관관계를 가질 수 있느냐고 반박할 것이지만 필자는 한국의 '경성 징병제'가 한국 사회의 '경직성'과 결부되어 군사주의, 권위주의, 보수주의를 확산시키는 데에 아주 크게 기여하고 있음을 상기해야 한다고 강조한다.

징병제의 부작용은 비단 한국의 군필 남성 청년들에게만 국한되지 않았고, 전 국민에게 군사주의와 부조리, 권위주의를 심는 데에 혁혁한 공을 세웠다. 언제나 그렇듯이 군은 생산성이 전혀 없는 조직이고, 명령과 복종의 체계로 구성되고 운용되어야만 하는 조직이므로 상당한 공을 들여 내부 부조리를 최소화할 것을 항상 필요로 한다. 그러나 한국군은 6.25 전쟁으로 인한 트라우마와 당시 열악한 재정 상황 및 안보 상황만을 우선시한 나머지 병영 부조리를 전혀 해결하지 못한 상황이었던 데다가 일제강점기부터 군사정권 시절까지 누적된 특유의 인명 경시, 부조리 경시 사상이 제도적 민주화를 이룬 이후로도 극적으로 개선되는 일이 없었기 때문에 결국 부조리의 최소화라는 목표는커녕 2차대전 시대 일본군을 연상케 하는, 아니 그 이상의 징집률을 끊이지 않는 부조리 속에서 기록하고 있는 실상이다. 게다가 "명령과 복종"의 체계를 남성 청년에게 강요하는, 강요할 수밖에 없는 제도인 징병제는 가뜩이나 심각한 한국 사회의 권위주의를 더욱 공고히 하고 있다. 군대와 징병제의 특성상 상관에게, 선임에게 복종하는 시스템이 기본으로 구축되어 있는 데다 그 자신 또한 상관/선임이 되어 하급자/후임에게 명령을 내리고 복종을 충분히 강요할 수 있는 환경이 만들어지기 때문에, 부조리의 세습이 너무나도 잘 이뤄지고 심지어 군대에서 나온 이후에도 군 내부의 상명하복 체제 영향을 받은 청년들이 권위주의에 가까운 형태로 가치관이 변화되는 현상마저 관측된다. 소위 "군대 꿈"과 같이 군필자에게 너무나 만연히 발생하는 PTSD 현상이나 남성들의 단골 술자리

만담 주제라는 군대 부조리 '썰'만 들더라도 징병제가 작게는 군필자 남성 전체에게, 크게는 한국 사회 전체에 그 암적 면모를 드리우고 있다는 것을 손쉽게 짐작할 수 있다. 그 과정에서 자연스레 "나는 군대 가서 그렇게 고생했는데"라는 보상 심리를 만들어내고 확산시켜 군 복무환경에 대한 진보를 저해하고 있다는 점은 덤이다. 이렇게 징병제에서 기인한 권위주의는 군대라는 조직이 보유한 경직된 특성과 한국의 징병제가 가지는 부조리 강요라는 특성으로 인해 수십 년에 걸쳐서 상명하복이라는 전형적인 권위주의를 한국 국민에게 확고히 심었고, 심고 있으며, 앞으로도 심을 것이다. 징병제를 완전히 폐지하고 국방 방향성 자체를 강제 징집을 전면 배제하는 형태로 재설계하지 않는 한 말이다. 결국 한국 사회의 권위주의와 결부될 수밖에 없는 제도를 1년 6개월 이상이라는 결단코 짧지 않은 기간에 걸쳐 강제적으로 "이제 막 사회에 발을 들인 내지는 들이려는" 20대 초반 청년들에게 주입하는 징병제는 구조적으로 당연히 권위주의에 취약할 수밖에 없으며, 민주주의 제도가 확립된 1987년 6월 이후로도 징병제와 소위 '무한 징병'의 실상은 21세기에 들어서 오히려 더 심각해졌기 때문에 권위주의적 민주주의의 고착화를 우리가 모르지 않았음에도 도저히 막을 수가 없게 되어 버린 것이다. 그러한 징병제의 취약점이 군사 독재 체제부터 권위주의적 민주주의 체제까지 수십 년 동안 해결되지 못하면서 현재의 군사주의, 권위주의적 민주주의, 사회문화적 보수주의가 모두 융합되어 버린 대한민국 사회가 만들어지기에 이른 것이라고 필자는 분석한다. 가히 최악의 삼위일체를 만들고 있는 원인이 아닐 수 없는 것으로써, 사회적 민주화가 이루어지지 못한 한국 사회의 실태를 정확히 관통하는 대표적인 부조리적 현상이 바로 징병제이다.

거기다가 징병제는 상술한 부작용과 폐해를 수십 년간 꾸준히 노출한 결과 "군대는 그간 바뀌지 않았고, 앞으로도 바뀌지 않을 것이며 언제나 부패해 있다"라는 비관주의적 관념을 전 국민에게 확고히 정착시키는 수준에 이르렀으며 "인권적 측면에서 근본적 쇄신이 절대로 불가능한 조직"으로 규정되어 온 데다가 그토록 "개선의 여지가 없는" 조직에 강제적으로 끌려갈 수밖에 없는 구조가 긍정적으로 개선되기는커녕 결단코 끌려가서는 안 될 사람까지도 예외 없이 징병의 폐해에 노출되는 것을 목도하며 사실상 전 국민이 국가와 사회에 대하여 "절대로 긍정적으로 바뀔 리 없을 것이라는" 비관주의를 가지지 않을 수 없도록 확고하게, 확실하게 쐐기를 박아 놓았다. 당장 각종 군 내 부조리 관련 뉴스 기사나 보도 영상들의 댓글을 보면 이를 알 수 있는데, "지금까지 대한민국을 사랑해 주셔서 감사합니다." 같은 냉소적 반응들이 적게 따져도 8할, 많으면 9할 이상에 이른다. 징병제와, 징병제를 원인으로 하는 해결되지 않는 부조리들은 국민들이 애국심을 가지지 못하게 하고, 청년들이 나라의 미래를 부정적으로만 생각하도록 유도하는 제도라고 필자는 확신하여 서술한다.

자, 그렇다면 이토록 징병제가 한국 사회의 권위주의적 면모와 사회적 민주화의 미비를 분석할 때 반드시 그 원인으로 짚고 넘어가지 않을 수 없는 어두운 일면임에도 불구하고 왜 절대다수의 국민은 징병제의 치명적 면모를 짚어내지 못하고 있는 것일까? 필자는 이 역시 마찬가지로 "바뀌지 않을 거라는" 일종의 비관주의를 징병제가 깊이 심어 놓은 부작용이 크게 작용한다고 분석한다. 필자는 이미 [모병제 해야 나라가 산다]라는 도서를 공동 저술하여 징병제의 부작용과 해악을 상세히 서술한 바가 있는데, 해당 도서에도 마찬가지로 필자가 일관되게 지적한 부분이 "징병제가 한국 사회, 특히 남성 청년들에게 강력한 비관주의를 가지게 하고 그 비관주의가 점차 확산하여 사회 전체를 염세주의의 나락으로 떨어뜨리고 있다"라는 현상이다. 아무리 현재 대한민국 정치사회에서 있어서는 안 될 일이 일어나고 있고, 벌어지면 안 될 사건들이 벌어지고 있음에도 이 나라는, 이 사회는 절대 바뀌지 않을 것이며 바꾸기 위해 노력해 봐야 소용없다는 비관주의가 강력히 청년 세대를 지배하고 있는 한 대한민국의 암적 요소들은 절대로, 하늘이 무너진다 한들 개혁될 수가 없는 것이 당연하다. 징병제는 한국의 청년들을 가면 갈수록 어두워지게 만들고 있으며 한국 사회의 암적 요소를 없어지지 못하게 만들고 있다. 또한 더욱 큰 문제는 이러한 한국 사회의 어두운 단면과 그 원인을 징병제라 규정하고 지적하면 그 즉시 "나라를 공산 세력에게 팔아먹을 짓"이라 규정하며 징병제를 성역화하려는 반발이 일어나고, 병영 부조리로 인한 사건이 터지고 이를 개혁해야 한다는 목소리가 일어나면 징병이란 부조리를 여성에게도 부과해야 한다는 논리로 묻어 버리려 할 정도로 그 반향 또한 극도로 군사주의적이라는 점이다. 이미 여성 징병제는커녕 현행 징병제부터 지금 이대로는 더 이상 지속될 수 없다는 한계를 만천하에 드러내는 상황임에도 불구하고 필자가 상술한 “나는 군대에서 고생했는데, 고생하는데”와 같은 보상 심리와 “이미 군대 인식 바닥인데 누가 군대 가느냐”는 ‘비관주의’가 징병제가 퍼뜨린 권위주의와 그대로 융합되어 버린 결과이다. 이미 징병제는 국가, 사회의 미래뿐만이 아니라 남성 청년 개개인의 인생에도 결코 적지 않은 피해를 주었으며 이는 현재 진행형이라고 할 수 있는데, 징병제가 “필수불가결한 부조리”로 규정되고 민주화 이후로도 근본적으로 개선되지 않으면서 자연스레 군필 남성들이 보상 심리를 가지지 않을 수 없는 환경이 조성된 것은 현재 한국 사회의 정치, 사회적 권위주의에 분명히 지대한 원인으로 작용하였다고 필자는 평한다. 그렇게 사회 전반에 형성된 권위주의, 군사주의, 보상 심리는 징병제라는 제도의 한계와 그 악영향을 상징적으로 보여주는 동시에, 사회 분위기를 남녀 갈등과 군사주의적 논리의 소용돌이로 빠뜨리고 있는 제일의 원인으로 작용하고 있기도 한 것이다.

당연하겠지만 나라가 병영 국가적 문화를 가지고 이를 당연하게 여기게 된다면 극단주의와 인권적 퇴보, 독재주의에 얼마나 취약해지는지를 군국주의란 정치사상이 과거부터 현재까지 철저하게 전 세계에 증명해 주고 있으므로, 필자가 구태여 설명을 보충할 필요가 없을 것이다.

두 번째 키워드: 잘못된 정치적 대립

어느 나라의 정치를 논하든, 으레 자신이 생각하는 사회의 이상이 다른 법이고, 그 이상에 수반하는 정치적 사상이 다른 법이며, 자신과 같이 생각하는 사람끼리 모여 정치적 진영을 형성하게 되기 마련이다. 그리고 그리 형성된 정치적 진영에 소속되었다면 반대편에 속한 정치적 진영과 필연적으로 대립하는 구도가 그려지는데, 우리는 보통 그러한 일련의 현상들을 '정치'라고 칭한다. 또한 이러한 정치적 진영의 대립은 각국의 정세에 따라 천차만별한 수준으로 차이를 세세하게 노출하지만 대개 보편적으로 "헌법정신에 위배되지 않는 선에서" 좌와 우로 나뉘고, 보수와 진보로 나뉘게 된다. 문제는 이번 12.3 내란 사건을 보면 알 수 있듯이 한국의 정치적 진영에는 "헌법정신과 정면으로 대치되고 위배되는" 정치진영이 포함되어 있다는 점이고, 또 그렇게 헌법이 가지는 절대적인 권위를 깡그리 무시하고 자유민주적 기본 질서를 무참히 파괴하려 드는 "비정상적인" 정치적 진영이 그저 "보수"라는 정치적 진영 중 하나로 불리고 있을 정도로 정상적인 진영 대립이 이뤄지지 못하고 있다는 점이다. 이를 감안하여 살펴볼 때 현재 한국 정치는 보수와 진보의 대립, 좌와 우의 대립이라는 단편적 형태로 해석할 수가 절대로 없으며 심하게는 "대한민국이라는 국가와 체제에서 절대로 존재해서는 안 되는 정치사상"을 가진 정치적 진영과 "헌법을 준수하며 정치적 이념을 설파하는 나머지 모든 정치적 진영"의 대립 구도가 현재 이뤄지고 있다고 필자는 평한다. 그렇다면 민주주의가 정착한 지 꽤 된 국가에서 이러한 비정상적인 형태의 대립 구도가 현재 진행형으로 이어지고 심지어 내란 획책 시도에도 불구하고 내란을 옹호하고 우리와 조금이라도 반대되면 전부 다 쓸어버려야 한다는 비정상적이고 반체제적이며 지극히 독재적인 주장만을 반복하는 정치인, 정치세력이 건재한 이유는 과연 무엇일까? 필자는 그 원인으로 전술한 징병제와 함께 정치 이념이 학술적, 사전적 의미로 정의되지 않고 정당과 정당의 대립 '그 자체', 정치인과 정치인의 대립 '그 자체'를 바탕으로 형성되었다는 한국 정치 특유의 모순적 현상, 구도를 지목하지 않을 수 없다고 여긴다.
물론, 누구나 사전적 의미의 정치적 좌파, 우파, 중도의 개념이 무엇인지 '구체적으로' 알고 정치에 참여할 수만은 없고, 전 국민이 그걸 전부 알고 자신의 정치 성향을 확실히 확립한 채로 투표권을 행사할 수만은 없는 일임이 사실이다. 그렇지만 한국 정치는 특히 사전적 의미의 좌우에 비해 정당 정치의 실제적 표심이 다소 왜곡되어 있다던가, 보수와 진보라는 개념이 구체적은커녕 포괄적으로라도 사전과 맞지 않는다던가, 하는 현상이 매우 심하게 발생하고 있는 편으로 그 부작용은 필자가 상술한 "비정상적인" 정치진영의 대두와 12.3 내란이라는 가장 극단적인 형태로 한국 사회에 도래하고 말아버린 것이다. 예를 들자면, 필자는 잊을 만 하면 유튜브에서 뉴스타파가 과거 울산 동구 주민을 상대로 한 인터뷰 영상을 볼 수 있었는데 핵심적인 장면은 다음과 같다.

"나는 나라 다 팔아먹어도 새누리당이에요."

"그냥, 우리 고향이 대구니까."

물론, 이 인터뷰 영상 하나만으로 대한민국의 지역주의, 교조주의, 권위주의를 재단할 수만은 없는 일이고 현대 민주주의 체제에서 100퍼센트 비례대표제로 국회의원을 선출하고 국회를 구성하는 국가 또한 다수 존재할 정도로 대의 민주주의가 정당을 중심으로 돌아가는 것은 당연한 현상이다. 문제는 한국 사회에서 정당을 지지하는 근거가 주로 필자가 상술한 지역주의, 교조주의, 권위주의에서 '만' 나오고 있다는 점이다. 정당 중심주의 자체보다는 정당을 지지하는 동기가 근본적으로 잘못됐다는 점이 이러한 문제의 근본인 셈인데, 사실 우리는 이런 바람직하지 못한 정당 지지 동기들을 실생활에서 많이 접할 수 있다. "우리 지역이 지지하니까", "내 주변에서 하나같이 지지하니까" 정도는 그저 순한 맛에 불과하며 "무슨 무슨 당이 여당 되면 안 돼서",

"어느 아무개가 대통령이 되면 안 돼서" 같은 이유까지도 너무 쉽게 보고 듣고 접할 수 있음을 부정하시는 독자 여러분은 안타깝게도 단 한 분도 계시지 않을 거라고 필자는 생각한다. 그리고 이러한 현상은 당연하게도 정치를, 그리고 민주주의를 병들게 한다. 그리고 병든 정치와 민주주의를 제때 완치하지 못한다면 한국의 민주주의는 "독재자를 낳아 버린 민주주의답지 않은 민주주의"라는 파국을 맞이할 수도 있다. 멀리 갈 것도 없이 윤석열이 12.3 내란을 기어코 일으켜 자신이 직접 민주주의가 독재의 망령을 낳을 수 있다는 것을 전 세계에 증명하고, 내란 수괴를 노골적으로 지지하는 세력이 서울서부지방법원 폭동 사태 등등의 대규모 준동을 일으켜 한국 민주주의의 안정을 실시간으로 더욱 불안정하게 만들고 있다는 사실은 필자가 언급하는 "독재자를 낳는 민주주의"가 무엇인지를(비록 독재자가 되려는 친위 쿠데타 시도가 미수에 그쳤을지라도) 상징적으로 보여주는 장면이 아닐 수 없다. 이제는 우리 모두 사전적인 좌우와 사전적인 보수, 진보가 무엇인지를 철저히 학습해야만 할 때가 왔고, 끝내 이를 학습하지 못한 채 정치를 특정 정치세력에 대한 환상만으로, 혹은 특정 정당 혹은 특정 정치인에 대한 거부감만으로 보는 태도를 한국 사회가 계속 견지한다면 한국의 민주주의는 또다시 "내란의 힘"을 낳아 버리고 말 것이며 제2의 12.3을 겪어야 할 수도 있다. 그리고 12.3이 한국에서 또다시 일어난다면, 그건 대한민국의 국체와 민주주의에 지금보다 더욱 심대한 위기를 가져오고야 말 것이다. 우리는 역사를 잊지 않아야 한다. 대한민국에서 실패한 내란은 이번 12.3이 유일하다는 것을, 대한민국은 실패한 내란보다 성공한 내란이 더 많은 국가였음을, 내란이 반드시 실패한다는 보장은 없다는 것을 대한민국의 역사는 충분히 보여주고 있다는 사실을 말이다. 역사를 잊은 민족에게 미래는 없는 법이다.

대한민국의 민주주의는 4.19 혁명을 통해 그 뿌리 내림이 시작되었고 5.18 민주화운동을 통하여 중흥을 준비하였으며 6월 민주항쟁으로 인하여 최종적으로 정립되었으나, 그 과정에서 필자가 이전 문단에서 전술하였듯 수십 년에 달하는 권위주의 독재 정권이 남긴 잔재들이 징병제 특유의 폐해와 맞물리게 되었고, 그 결과는 독재 정권 시기의 오만 가지 암적 요소들을 전부 등한시하고 그 시기에 거둔 "표면적으로 봤을 땐 분명히 눈부시고 기적적인" 수준의 경제 성장만을 바라보는 친독재적인 정치 지지층의 형성으로 이어지게 되었으며, 이는 12.3 내란부터 서울서부지방법원 폭동 사태로까지 번지면서 대한민국 헌정사의 어두운 역사로 한 페이지에 기록될 수밖에 없게 되었다. 그리고 이러한 현상들은 과거부터 현재까지 철저히 정치적 이념을 통해 정당에 대한 지지가 순수하게 개개인의 정치적 가치관이나 신념에서 갈리지 않고 극단적일 정도로 철저하게 내가 지지하는 정당/정치인과 자신의 정치 이상을 일치시키려는 것이 보편화한 분위기에서부터 비롯되었다 할 것이다. 한국 정치가 그 진영 대립에 있어서 헌법정신과 정면으로 대치되는 사상을 바탕으로 하는 진영이 제도적 민주화 이후로도 건재하였으며 또한 민주주의를 수호하려는 일반적인 국민 총론과 대립하고 있었다는 것 자체는 결코 하루 이틀 인식된 문제점이 아니었으나, 이미 여러 차례에 걸쳐 몇 년 전 내지 10여 년 전부터 헌법 수호 대신 독재적 체제를 이상향으로 여기고 실제로 군사 독재적 체제를 재건하려는 전조 증상이 "국회 난입, 폭력적 시위" 등등의 형태로 필자가 보았을 때 분명히 드러나고 있었음에도 이것이 심각한 정치적 갈등 현상이라는 결론으로만 귀결되었을 뿐 이를 조기에 차단하지 못하고 있던 이유도 필자가 분석할 때 정치 이념을 지지 정당의 당론 내지는 방향성과 일치시키려는 분위기에 그 원인이 있다. 과거부터 현재에 이르기까지 한국 사회의 정치인/정당을 향한 지지는 다소 교조주의적 성향이 묻어나는 경향이 강하다. 가령 실제로는 보수와 중도 보수의 차이만을 보이는 두 정당이 있고 더 보수적인 정당 쪽에서 상대 정당을 "좌파 빨갱이 모임"으로 규정하고 대대적인 언론플레이를 통해 꾸준히 일관되게 주장하기 시작하면 실제로 사회 구성원 대부분이 중도 보수 진영을 진보 진영으로 보기 시작하는 식이다. 이 정도로 사회적 인식과 실제 정당 방향성의 괴리가 뚜렷이 나타나는 현상이 적잖은 세월 동안 꾸준히 나타남으로써 유권자들의 정치 인식 또한 필자가 상술한 내용과 같이 사전적인 좌, 우에 부합하지 않고 지극히 교조적인 형태로 자리매김하게 된 것이다.

필자는 평소에 이토록 사전적인 좌, 우에 부합하지 않고 수구주의가 보수주의와 대립하여 진정한 진보가 완전히 비주류로 묻혀버린 한국 사회 특유의 정치적 대립 구도를 바로 "한국식 민주주의" 내지는 "한국식 보수주의"에 기인한다고 규정할 때가 많다. 한국식 민주주의라는 단어와 개념은 그 역사가 군사독재 정권으로부터 출발하여 오랜 세월 한국에서 유난히 강조되어 오던 개념으로, 한국식 민주주의가 대두된 이유 중 하나로는 "현재 아시아 각국, 특히나 한국이 처한 상황은 종전 서구식 민주주의를 채택하여 발전한 강대국들과 명백히 다르니 맞지 않는 서구식 민주주의 대신 한국식 민주주의라는 아시아에 맞는 옷을 입어야 한다."라는 논리였다. 그러나 한국식 민주주의라는 개념의 시작은 처음부터 "서구식 민주주의는 한국의 당대 경제 사정 등등을 종합하여 볼 때 가능한 제도가 아니다"라는 주장을 통해 군사정권이 그들의 기득권을 수호하고자 벌인 선전 선동이 그 근본이라는 점에서 더 이상 현대 민주주의 국가에서 통용되어서는 안 될 수준의 문제점을 내포하고 있는데다가 20세기의 한국식 민주주의는 21세기에 "K-민주주의"라는 형태로 설명하는 용어만 바뀌었을 뿐 제도적 민주화를 시민 혁명으로 이룩해낸 이후에도 민주 시민 의식이 보편화되지 못하였다는 한계점을 아직도 상징하고 있는, 실로 한국 사회의 수구적 면모를 대표하고 상징하는 개념이자 현상인 것이 아닐 수 없다. 특히나 한국의 주류 정치 대립은 제도적 민주화 이후로도 보수와 진보의 대립이 아닌 수구와 보수의 대립이라는 비정상적 형태로 수십 년 이어져 왔고 종국에는 무엇이 보수인지, 무엇이 진보인지의 그 사전적 정의조차 인지되고 있지 않은 상황에서 그저 하던 대로 수구를 '보수'로, 보수를 '진보' 내지 '좌파'로 부르고 또한 그렇게 인식되며 실제로 수구와 보수가 대립하고 있는 상황으로까지 치닫고 만 것이 현실이다. 그리고 이는 조금 더 원론적으로 분석하자면 그야말로 한국 정치의 미래를 통째로 뒤흔드는 문제이기도 한데, 특히나 한국 정치는 21세기에 들어서도 자유주의, 공화주의, 자본주의, 사회주의 등등 수많은 정치 가치관을 등한시한 채 "자유민주주의"라는 개념이 무엇인지조차 명확하게 정의하지 못하면서 자신의 고정관념과 반대되면 자유민주주의 질서를 해친다는 프레임을 씌우기에 이르고 있다는 문제가 대단히 심각하다. 필자는 질문하고 싶다. 도대체 자유민주주의라는 개념은 무엇을 의미하는가? 자유민주주의가 도대체 어떠한 정치 이상이길래 자유민주주의 체제 수호를 부르짖는 사람들이 친위 쿠데타를 두둔하고 있는 것인가? 자유민주주의가 대한민국 건국 이래 단 한 번이라도 명확히 사전적으로 정의된 바가 있기는 한 것인가? 이러한 당연하고 근본적인 의문들을 제기하는 사람은 왜 적다 못해 없다시피 하였는가? 이제는 이러한 자유민주주의라는 탈을 쓴 독재친화적인 수구 반동적 사상이 횡행하는 것을 한국식 민주주의가 아닌 현대식 민주주의로 막아야 한다. 즉 “조국 근대화”에 안주하여 진보를 등한시하는 것이 당연하던 시대가 지났으며 근대화를 넘어선 “조국 현대화”를 민주시민 의식 공고화를 통해 이룩해야 할 필요성이 다분하다는 것이다. 혹자는 대한민국이 경제적 통계로써 명백히 세계 유수의 선진국에 들어섰다는 것을 이유로 “조국 현대화”의 필요성을 경시하거나 심지어는 이미 그것이 이룩된 것이라 여기기도 하지만, 필자가 보기에는 현재 한국의 우수한 경제적 지표는 그저 ‘인프라’의 현대화만을 증명해 줄 뿐이다. 우리가 살아왔고, 앞으로 살아갈 조국 대한민국 ‘전체’가 현대화라는 개념에 걸맞은 진보를 이룩하지는 못하였다는 주장을 반박할 근거로 사용되기에는 턱없이 부족한 것이다. 현대 사회에 걸맞기는커녕 전근대적인 수구적 고정관념마저 전부 탈피하지 못하고 있는 한국이 대관절 어떻게 조국 현대화의 완성을 논할 수 있겠는가? 대한민국을 현대화하는 작업은 결국 인식의 개선으로부터 시작해야 하기 마련이다. 우리 모두의 사회를 보는 인식이 ‘현대화’되지 못하고 좁고 편협한 ‘전근대적인’ 시야에서 계속 머무르게 된다면 우리는 제도적으로, 인프라적으로 아무리 세계에서 손에 꼽히는 현대화를 이룩한다 한들 대한민국은 세계에서 가장 불행한 국가로, 가장 불행한 사회로 세계사에 기록되고야 말 것이다. 모두가 불행하게 사는 나라를 그저 기초 생활 수준이 높다는 이유로 현대 사회에 걸맞은 선진국이라 칭할 수는 없는 법이 아니겠는가? 이제 우리는 20세기에 이룩한 표면적 경제 급성장과 제도적 민주화의 성공에 만족하고 무사안일주의에 매몰되어 진보주의를 부정적으로 볼 때가 아니다. 이번 12.3 내란을 전환점으로 하여 진정한 사회적 민주화의 수립과 그간 억압받았던 모두가 진정으로 존중받는 '사람사는 세상'을 건설하기 위한 새로운 목표를 수립하고 이를 관철해야 할 때를 맞이한 것이다.

게다가 필자가 상술한 교조주의의 고착화에 따른 부작용은 비단 자신이 지지하는 정당에 대한 단편적이고 극단적인 지지에만 국한되지 않았으며, 실제로도 거대한 규모의 부정적인 행동으로 나타나기 시작했고 이러한 부작용의 대표 격으로 공수처법, 선거법의 국회 통과를 저지하기 위한 목적으로 철저한 계획하에 벌어졌던 2019년 국회 난입 사건을 꼽을 수 있다. 집회 및 시위에 관한 법률에도 규정되어 있는 불법행위이자 형법 제91조에 적시되어 있는 '국헌문란의 정의' 2항에 정확히 부합하는 형태의 난입이 벌어졌고 자유한국당, 우리공화당 등 정당들은 이러한 난입의 원인이 된 규탄대회를 주최하였으며, 또한 난입한 시위대 중 일부 인원은 국회 본청에 진입하여 더불어민주당 소속 국회의원과 경찰을 상대로 폭력을 행사하기도 했다. 이번 서울서부지방법원 폭동 사태를 목도한 이후 이 국회 난입 사건을 돌아보면 그야말로 소름이 쫙 돋는 형태의 '전조 증상'이었다는 것을 알 수 있을 것이다. 해당 난입이 계획되고 실행된 배경 및 목적은 철저히 "국회에 난입하여 국회 본회의를 무산시키는 것"이었으며 이러한 행위는 형법 제91조 2항에 적시된 "헌법기관의 권능 행사를 강압으로 불가능하게 하는 것"이라는 내용과 정확히 일치하는 것임에도 불구하고 황교안 자유한국당 대표를 필두로 한 일부 "국회의원"들은 자신들 한 명 한 명이 "헌법에 적시된 헌법기관"이라는 사실조차 망각한 채 "헌법기관"으로써 "국헌문란의 목적"으로 벌어진 난입, 폭동을 지지하고 지원하기에 이른 것이었다. 한 명 한 명이 헌법기관으로써 국헌문란 행위를 철저히, 사전에 차단해야 할 의무가 있는 사람들이 도리어 국헌문란 행위를 계획하고, 지지하고, 지원한 모순적 행위들은 내란의 목적으로 행해진 계엄을 옹호하는 세력에 의해 발생하고 또한 경찰의 폭력 진압을 운운하며 양비론을 행사하는 국민의힘 정치인, 국회의원들의 행보와 비교하여 분석하면 서부지법 폭동 사태와 놀랍도록 많은 유사점을 찾아볼 수 있다. 이렇게 독재 정권에 대한 환상을 심각할 정도로 굳건히 교조화시킨 소위 자칭 "애국 보수" 세력들의 등장은 이전부터 꾸준히 그 전례와 전조 증상이 있어 왔으며 실제로 내란 세력들은 이를 사전에 인지하고 있었을 가능성이 높다. 그러한 자칭 "애국 보수" 세력이 굳건할 것임을 확신하지 못했다면 친위 쿠데타를 행하여 정권을 영원히 장악하려는 불경한 생각을 차마 하지 못했을 것이니 말이다.

그렇다면 내란 세력들이 그런 확신을 품게 만든 결정적 계기는 무엇이 있을까? 필자는 바로 이전부터 꾸준히 반복됐지만 우리 모두 그 심각성을 제대로 느끼지 못했던, “매우 체계적이고 조직적이며 미디어의 발전까지 이용한 극단주의 세력들의 선동과 날조”들이라고 단호히 분석한다. 필자가 판단할 때 이번 내란은 벌어지기 한참 전부터 미디어를 이용한 수많은 가짜뉴스와 프레임 선동이 반복되면서 쌓여온 병폐가 한꺼번에 터진 문제에 해당하는데, 아무리 내란 세력들이 제대로 된 판단을 하지 못했다고 가정하더라도 “헌정질서 파괴 행위마저도 지지하는 사람이 아예 없었다면” 친위 쿠데타 행각을 절대로 벌일 수가 없었을 것이고 실제로도 헌정질서 파괴 행위를 지지하는 세력들은 가차 없이 헌법기관인 법원을 폭동으로 때려 부수며 자신들이 내란 세력에게 자신감과 확신을 심어 주었음을 증명하였다. 마찬가지로 헌정질서 파괴 행위를 애국애족의 길이라고 선동하는 시도가 없었다면 일어날 수가 절대로 없는 폭동이었다. 이러한 거짓된 선전 선동은 일부 극단주의적 기독교, 사이비 종교 세력들과 결부되어 상당히 치밀하게 진행되었음을 그들의 방식적인 면에서 손쉽게 알 수 있는데 대표적으로 “유튜브”라는 형태의 미디어를 철저히 이용한 것이다. 유튜브는 사실 정치 사회적 이슈를 논함에 있어 기성 언론만큼의 공신력을 가지지 못한다는 한계가 있음이 명백하지만, 구조적으로 “알고리즘”이라는 특성을 보유하고 있다는 점으로 인해 철저히 조회수와 구독자라는 양으로써 몰아붙이면 해당 주장이 진실인지, 그 근거는 출중한지와 무관하게 수많은 시청자의 1면에 “매우 지속적인 형태로 노출”되게 된다. 더해서 그런 선동적 목적이 명백한 영상들은 열이면 열, 백이면 백 해당 영상과 유튜버를 지지하는 댓글이 쫙 깔리게 된다. 그렇지 않은 댓글들은 "가려버리면" 되니까 말이다. 그들의 선동이란 매우 철두철미하게 "이 영상에서 이 유튜버가 말하는 내용이 많은 공감대를 형성하고 있구나. 정말로 이 내용이 사실일 수 있지 않을까?"라고 생각하게 만드는 것을 목표로 진행되고 있으며 실제로 그 성과는 모두가 알다시피 어느 정도 입증되었다. 동서고금을 막론하고 거짓된 선전 선동을 진행하는 집단은 "뉴미디어" 및 "신기술"이라는 개념을 적극적으로 활용했다. 당장 선전 선동의 극한으로 불리는 나치는 선전 선동으로 자국민이 자신들의 입맛에 맞는 정치사상을 갖게 만들기 위해 당대 최신 문물이었던 "라디오"를 십분 활용한 전적이 있다. 언제, 어디에 있든 전파가 닿을 수 있는 곳이라면 얼마든지 자신들의 메시지를 전달할 수 있는 특성을 악용한 사례에 해당하는데, 이는 작금의 "우파 유튜버"를 활용한 극단적 선전 선동과 놀랍도록 유사한 방식임을 부정할 수 없다. 나치는 1930년대 기술력의 발전에 힘입어 '국민라디오' 라는 저렴한 라디오를 전 국민에게 보급하는 사업에 열을 올렸는데, 이는 철저히 거짓된 선동을 되풀이하여 결국 자신들이 말하는 정보만을 믿게 만드는 목적이 기저에 깔려 있었으며, 이는 괴벨스의 "대중은 처음에는 거짓말을 부정하고, 그다음엔 의심하지만, 되풀이하면 결국에는 믿게 된다"라는 발언에서도 명확히 드러난다. 우파 유튜버를 필두로 한 선전 선동 역시 마찬가지의 방식으로 지난 정부, 지지난 정부, 아니 인터넷이라는 개념이 보급되기 시작한 시점부터 양적으로 무지막지한 수준의 선동 영상과 선동 유튜버를 동원하여 정치 관련 알고리즘을 삽시간에 장악하였음은 물론, 철저한 댓글 도배와 상술한 일부 극단 기독교 및 사이비 종교 세력 특유의 "신도들을 이용한 전파"라는 방식까지 이중, 삼중으로 사용하여 집단으로 지방법원 하나를 때려 부술 만한 수준의 인력을 만들어 내는 데에 성공한 것이다. 이런 작전의 성공은 스마트폰 시대, 뉴미디어 시대가 도래하지 않았다면 불가능했을 일이며, 동시에 우리 모두에게 일상을 즐겁게 하는 양질의 즐길 거리를 제공하는 밝은 면과 더불어 가짜뉴스에 너무나 손쉽게 대중을 물들게 할 수 있다는 어두운 면을 단적으로 보여주는 결과물이다. 또한 이러한 과정에서 극단주의 세력은 유튜브만을 활용하지 않고 다양한 매체들을 총망라하였는데, 커뮤니티부터 기사 댓글에 이르기까지 그야말로 눈으로 볼 수 있는 모든 매체를 활용하여 전부 자신들이 주장하는 선동이 1면에 도배될 수 있도록 노력을 기울였다. 혹자는 "선동이니 도배니 해봐야 넘어갈 사람들만 넘어가지 결국 내란도 실패로 끝나지 않았느냐"라고 말할 수 있지만, 바이마르 체제로 대표되는 선진적 헌법 체계를 자랑하던 독일이 세계 최악의 극단주의자들에게 장악된 독재국가로 변모한 것이 결코 오랜 시간을 소모한 일이 아니다. 필자가 굳이 나치의 라디오 선동 사례를 언급하는 것은 이 정도로 전국민적으로 보급된 뉴미디어 매체가 얼마나 거대한 선동에 악용될 수 있는지, 그리고 그러한 선동이 "표현의 자유가 보장되는 민주주의 체제 아래에서" 얼마나 파국적인 결과를 만들어 낼 수 있는지를 이제 전 국민이 경계해야만 하는 시대가 왔다고 강조하기 위함이다.

세 번째 키워드: 불신

어찌 보면 이번 챕터, 아니 이 책을 통틀어서 봐도 가장 중요한 부분이 바로 이 부분, 한국 사회의 "불신"과 그 폐해이다. 특히나 이 불신은 한국 사회 전역으로 퍼져 나가서 수많은 갈라치기의 진원지로 작용하고 있다는 점에서 심각한 문제에 해당한다. 현재 내란 사태 이후로 가장 대두되는 불신은 기성 언론에 대한 불신이고, 이는 전술했듯 선전 선동이 일부 계층에게 제대로 먹혔던 측면이 분명히 매우 크다. 그러나 제아무리 뉴미디어가 발달하고, 선전 선동의 기법이 발달하고, 정치적 진영 대립이 근본적으로 잘못되었어도 기본적으로 근거 없는 정보가 보일 때는 의심부터 하고 보는 것이 사람의 본능인데 이것을 선전 선동이 어떻게 이겨냈을까? 필자는 그 이유를 바로 한국 사회 전체를 관통하고 있는 불신이라고 분석하는 바이다.

실제로 기성 언론에 대한 뿌리 깊은 불신은 한국의 낮은 언론 신뢰도에서도 나타나는 대목이다. 모든 언론은 대개 논조라는 개념이 있기 마련이며, 그러한 전반적인 논조에 맞추어 같은 사건을 접하고도 그 해석을 언론마다 다르게 가져가는 경향이 있다. 그러나 그 어느 유튜버들의 정보도 그런 전문적인 기성 언론들에 비하면 그 논조와 무관하게 신뢰도는 분명 비교가 불가한 수준으로 그 신뢰도가 현격히 떨어진다는 것 또한 명명백백하다. 기성 언론의 신뢰도는 철저히 수많은 시청자/구독자들에 의해 검증되고 있으며 또한 이 순간에도 기성 언론들의 기사는 쏟아져 나오고 있고 그 신뢰도와 논조가 철저히 비판받으며 비판과 반박이 거듭되는 과정에서 어느 언론사가 더욱 객관적인 사실을 다루는지 끊임없이 전 국민의 하마평에 오르내린다. 이러한 기성 언론들이 다른 언론사도 아닌 일개 유튜버들에게 매도당한다는 사실만으로도 충분히 비현실적이고 비상식적인 현상인데, 심지어는 "정부 여당"인 국민의힘 일부 정치인, 의원들은 그런 유튜브를 오히려 "대안 언론"으로 대우하며 그러한 언론 불신 현상에 불을 댕기기까지 했다. 이는 확실히 한국 정치, 사회에서 상당한 수준의 불신이 누적되어 그 수준이 내란 세력들이 선전 선동에 이용하기 충분할 정도였다는 것을 의미한다. 또한 더욱 큰 문제는 필자가 상술한 교조주의의 극단화가 극단주의 세력들의 선전 선동과 얽히면서 그 불신의 정도가 너무나 굳건해진 나머지 결국 근거에 기반한 토론이 사실상 불가능해진 상태에 빠져버린다는 점이다. 어떠한 근거를 제시하더라도 애초에 믿지를 못하니 말이다. 필자는 이러한 불신이 그야말로 판을 치고 있으니 그 신뢰도에 의문이 들 수밖에 없는 헛소문들을 양산하는 일부 유튜버들에 의해 기어코 헌정질서가 총체적으로 흔들리는 지경까지 우리 사회가 도래할 수밖에 없었다고 보고 이제는 신뢰를, 특히 기성 언론에 대한 신뢰를 다시금 절대적으로 회복시켜야 한다고 분석하고 있다. 또한 위에서 서술했듯 아무리 거대한 기성 언론이라도 논조라는 개념은 존재하고 이를 자신의 가치관을 기반으로 걸러 들으면서 취사선택하는 능력을 우리 사회 전체가 더욱 길러야 한다. 언론을 대할 때 그 태도가 더욱 성숙해져야 하고, 객관적이어야 하며, 깊숙이 사고하여야 한다는 것을 이번 12.3 내란은 일깨워 주고 있다. 나의 가치관과 기성 언론의 논조가 대치된다는 이유로 수많은 근거를 등한시하는 작금의 극단적인 언론관에서 조속히 탈피할 필요가 다분하다는 것이 필자의 오랜 생각이다.

비록 내란 및 선전 선동의 핵심으로 기능하고 있는 언론에 대한 불신에 상당히 많은 분량을 필자가 할애하여 다루었지만, 절대로 그 불신은 기성 언론에만 국한되지 않는다. 사법 불신, 정치 불신, 행정 불신 등등 오만 가지 형태의 불신이 전부 존재하며 그 수준 역시 기성 언론에 대한 불신 그 이상으로 심각한 수준에 도래한 상태이다. 물론 무조건 입법, 사법, 행정 등의 개념과 이를 담당하는 사람들을 신뢰하라는 것은 아니며 실제로 이토록 중요한 업무 및 결정이 행해지는 분야들은 철저히 전 국민의 비판을 기반으로 끊임없이 자성의 목소리를 내고 항시 개혁의 준비가 되어 있어야 할 필요가 있다. 그러나 비판에는 언제나 타당한 근거가 필요함이 인지상정이고 내가 주장하는 바에 대한 근거가 타당한지는 결국 토론과 검증이 동반되어야만 증명되는 것이며 그 검증의 권위는 바로 입법, 사법, 행정의 삼권분립 아래에서 적법한 절차에 따라 그 권위를 가지는 것이기 때문에 이러한 극단적 불신은 큰 문제가 된다. 무엇보다 사법 불신의 경우 해당 판결의 공식적인 권위를 존중하는 선을 지키며 해당 결정에 대해 비판해야 하는데 이러한 존중이 필자의 판단에는 전혀 이루어지지 못하고 있다. 당장 국민의힘 소속 국회의원들조차 헌재고 법원이고 선관위고 뭐고 간에 전부 믿으면 안 되고 싹 다 저항권으로 부숴버려야 한다는 불신에 기반한 위헌, 위법적인 발언들을 집회까지 나가서 쏟아내고 사람들을 선동하는데 아무렇지 않게 잘만 써먹고 있지 않은가? 한 국가의 헌법기관이자 국민 대표인 국회의원들이 그러한 위헌, 위법적인 발언들을 쏟아내고도 집회에서 일부 진영의 환호를 받을 수 있다는 것 자체가 그만큼 한국 사회가 잘못된 불신으로 얼룩진 상태에 도래하여 있으며 그 심각성은 한국 정치에 선동과 날조로 얼룩진 잘못된 정치 집단이 탄생하고 유지되는 것에 기여하고 있다는 것을 방증하는 현상이 아닐 수 없다고 필자는 확신한다.

1-3) 완성되어 있는 민주주의 제도, 그러나 제도에 비해 없는 수준인 민주시민교육

이번 장에서는 필자가 생각하는 한국의 민주주의 제도, 민주시민교육 현황을 서술하려 한다.

재차 강조하지만, 분명히 한국의 민주주의는 1987년 6월부터 이번 12.3 내란 이전까지 그 제도적 완성도가 상당히 훌륭한 편에 속했다. 물론 그러한 민주주의의 나무를 키워내기까지 수많은 국민들의 피와 땀을 거름으로 줘야 했음은 슬픈 역사이지만, 그 대가는 아시아에서 가장 높은 수준의 민주주의를 이룩했다는 찬사에 가까운 평가였고 지난 박근혜 대통령 탄핵 당시에만 해도 한국의 민주주의는 철옹성과 같고 도저히 무너질 기미가 없는 것처럼 보이던 수준이었다. 그러나 이번 내란은 그 철옹성 같던 한국의 민주주의가 단지 외양적으로 그리 보이는 것일 뿐이었음을, 그 이면에는 드러나지 않은 내부적인 결함이 전혀 해결되지 못한 채 산재해 있었음을 전 세계에 실시간으로 보여주고 있다. 그렇다면 그토록 수준 높은 민주주의라는 찬사를 받고, 실제로도 그 수준이 전 세계에 견주어도 높았다는 것을 보여주었던 바 있는 한국의 민주주의와 국민이 그 내재적 결함을 쉬이 발견하지 못했던 이유는 무엇이었을까? 필자는 그 원인을 사실상 없는 수준이나 다름없는 민주시민교육에서 찾아볼 수 있다고 지적하고자 한다.

민주시민교육의 부재는 민주주의 국가인 대한민국에서 너무나도 뼈아픈 동시에 민주주의를 순식간에 극단주의의 나락으로 빠뜨려 버릴 수 있는 대단히 위험한 요소에 해당함은 자명한 사실이다. 우리가 흔히 상상할 수 있는 초/중/고등학교 내에서 정치 이야기가 나올 때를 상상해 보자. 분명 정치나 정치인에 관한 언급 자체는 꽤 많이 들린다. 그러나 그 내용 중 무거운 사회 문제를 진지한 태도로 논하는 현상이 눈에 얼마나 보였고 귀에 얼마나 들렸는가? 그 모든 언급을 통틀어 99퍼센트의 내용들이 특정 정당, 정치인에 대한 혐오이거나 정치에 대한 무관심에서 비롯된 양비론이거나 커뮤니티에서 나오는 조롱들을 그대로 답습한 문장이 아니었나? 이러한 현상들을 생각할 때 민주시민교육의 부재는 우리가 생각하는 것 이상으로 한국의 민주주의에 대단한 악영향을 미치고 있으며 그 부작용이 쌓이고 쌓인 나머지 내란이라는 형태로 크게 터지고 말았다는 분석을 필자는 하고 있다. 혹자는 “아니 분명 교과서에도 대한민국은 민주공화국이라고 쓰여 있고, 현대사 관련해서도 4.19 혁명부터 5.18 민주화 운동에 6월 민주항쟁까지 모조리 적어놓고 가르치는데 어딜 봐서 민주시민교육의 부재냐?”라고 반박할 수 있을 것이지만 겉으로 봐서는 나름 잘 시행되고 있는 것 같은 민주시민교육도 상술한 한국의 민주주의 속 숨은 결함들과 똑같다. 역시나 “겉으로 그렇게 보일 뿐”이라는 게 제일 문제이다. 민주시민교육이 왜 사실상 부재한 수준에 이르렀다고 필자가 강변하고 있는가? 이유는 간단하다. 우선 한국의 역사 교육에서 절대적인 비중을 차지하는 것은 언제나 “근현대사 이전”이기 때문이다. 분명 교과서에 그러한 한국의 민주주의 역사가 적혀는 있다. 그러나 적혀만 있을 뿐 유의미한 수준의 분량으로 다루는 경우가 없다. 항상 성적을 최우선으로 챙겨야 하는 학생들의 현실적 여건에 대입해 보면 당연히 압도적인 분량을 차지하는 조선에 관한 내용을 가장 우선으로 암기해야 하고, 2순위가 삼국시대~고려이며, 3순위가 일제강점기이고 4순위나 가야 민주주의의 역사를 찾아볼 수 있는 경우가 대부분이다. 게다가 고조선과 고인돌로 대표되는 한민족(정확히는 예맥과 한[韓]족)의 초창기 역사가 차지하는 만만찮은 분량까지 포함하여 생각해 보자. 그런 경우에는 1년 내내 교과서의 가장 뒤에 적혀 있기 마련인 대한민국의 현대사와 민주주의의 역사를 긁어 보지도 못하고 한 학기, 1년이 흘러가 버리는 경우가 대다수임을 절대로 부정할 수 없다. 성적을 잘 챙기기 위해서는 시험을 잘 봐야 하고, 시험을 잘 보기 위해서는 시험에 가장 많이 나오는 부분부터 공부해야 한다. 제아무리 민주시민을 육성하기 위해 교과서에 내용을 적어놔도 실질적으로는 절대다수의 학생들에게 우선순위가 가장 뒤로 밀리는 내용이 될 수밖에 없는 구조적 하자가 있는 것이다. “일선 역사 교사들이 현대사와 민주주의의 역사를 조금 더 많이 가르치면 되지 않냐“라고 의문을 제기하는 사람 역시 있을 수 있겠으나 교사들에게도 이러한 적은 분량 문제는 똑같이 적용되는데, 이유는 간단하다. 교사인 동시에 출제자 입장이기 때문이다. 애초에 분량이 제일 적으면 시험 문제를 내는 데에 한계가 있고, 분량이 적다는 한계가 있으므로 시험 문제 자체가 제일 적게 나올 수밖에 없으며, 많이 다뤄지는 부분에 맞춰서 시험 문제를 만들면 당연히 분량 많이 차지하는 내용에 비해 우선순위가 뒤로 밀릴 수밖에 없다. 따라서 마찬가지로 성적을 신경 쓸 수밖에 없는 학생들에게 시험 문제가 많이 나오는 부분을 많이 가르쳐야 한다. 분명히 많이 가르치면 되지만 많이 가르칠 수가 절대로 없으므로, 구조적 '하자'가 해결되지 않는다는 결론은 똑같아진다. 그렇다면 이러한 현대사와 민주주의 역사의 적은 분량 문제를 수십 년간 교육계가 절대 모르지 않았을진대 왜 분명 교과서에 수록된 분량만 늘리면 해결할 수 있을 것 같은 민주시민교육의 부재 문제가 해결되지 못하고 있는 것인가? 이유는 또 간단하다. 학생들이 암기하는 것에도 한계가 있다. 분명 한국의 민주주의와 시민 투쟁의 역사를 돌아보면 교과서에 추가로 수록하여 교육할 만한 내용은 8.10 성남 민권운동(광주대단지 사건), 부마 민주항쟁 등등 적지 않은 것이 사실이다. 하지만 이미 반만년 한민족의 역사를 개략적으로라도 모두 암기해야만 하는 학생들의 입장에서 살펴보게 될 시, 현대사의 분량까지 늘어나 버리면 시험을 치르는 데 있어 부담이 더욱 가중될 수밖에 없기 마련이다. 같은 분량 내에서 다른 부분을 줄이면 되지 않나? 라는 의문이 제기될 수가 있지만, 교육계

입장에서는 분명 정치적 입장 및 집필진의 견해 차이에 따라 그 서술 방향성이 크게 달라질 수 있으며 이를 두고 첨예한 대립과 지대한 논란이 발생할 가능성이 높은 현대사와 달리 전근대 역사의 경우 그러한 정치 성향 및 학계의 대립 문제에서 상대적으로 자유롭다는 장점이 있는지라 분량의 비율을 쉽게 수정하지 못하는 것 역시 고려해야 한다. 이러한 문제들이 모두 톱니바퀴처럼 맞물리고 있는 작금의 현실상 학생들에게 실질적으로 와닿는 민주시민교육은 일선 현장에서 전혀 이루어지지 못하고 있다고 판단하는 것이 타당하며, 필자는 그 현황을 가히 '총체적 난국'과 같다고 평가하고 있다.

게다가, 현행 한국 민주시민교육의 문제는 결코 현대사 분량의 미비로 결론지을 수 있을 정도로 가벼운 사안이 아니며, 사회 분야에서도 도덕 분야에서도 마찬가지로 민주시민을 육성할 수 있는 생산적인 교육 방침 및 교과서 내용까지 총체적으로 미비한 점 역시 동반되어 지적된다. 상술한 역사 과목의 문제 역시 후술할 문제점들에 비한다면 가히 빙산의 일각 수준에 그칠 수도 있을 것인바, 가능한 한 모든 자료와 근거를 총동원하여 서술하겠다.

우선 현재 한국 교육은 분명히 개인이 사회 구성원으로 갖추어야 할 도덕적 미덕들에 대해서는 다루고 있고 가르치고 있다는 점은 분명하다. 그러나 민주시민교육에 있어 민주주의 사회의 구성원으로 살아가면서 갖추어야 할 도덕은 전혀 가르치지 않고 있다는 점이 문제이다. 이를 요약하면 사회적 갈등과 문제들을 도덕적 측면에서 분석하고 비판하는 과정이 전혀 존재하지 않는다는 점을 민주시민교육의 미비로써 지적해야 한다는 것이다. 또한 이러한 문제를 지적하면 언제나 "교실을 정치화한다"라는 비판이 뒤따르고 있는 점 역시 반드시 짚고 넘어가야 하는 문제에 해당하겠다. 필자가 생각건대, 작금의 한국 교육은 그간 교사의 정치적 중립을 곧 "기계적 중립"으로 규정하였고 '정치'라는 단어가 가진 사전적 개념을 상당 부분 왜곡시켜왔으며 정치가 국가, 사회를 성립하고 유지하는 데에 있어 필수적인 요소라는 것을 간과한 채 '정치'라는 개념 자체를 교실에서 완전히 제거하는 것에 급급하였다. 그 결과는 기계적 중립의 고착화로 이어져 정치가 부정적으로 여겨지는 수준을 넘어 청소년이 정치에 관심을 가지는 현상 자체를 보편에서 벗어난 행위로 여기는 편견이 자리 잡는 데에도 크게 일조하고야 말았다. 그러나 결국 정치란 교육에서 배제될 수 없는 개념이고 배제되어서도 안 된다. 기계적 중립이 강요되다시피 하는 사회 분위기와 정치적 무관심이 미덕처럼 자리 잡은 한국의 뒤틀려진 고정관념은 제도적 민주화 이후 권위주의로부터 온전히 벗어나지 못하도록 하는 제일의 원인으로 작용하고 있으며 정치를 금기시하고 부정적으로 여기는 잘못된 교육에서 조속히 탈피하지 못한다면 한국의 민주주의는 또 다른 형태의 위기를 수십 년 안에 맞이하게 될 것은 물론이거니와 정치적 무관심과 기계적 중립에서 한국 청소년들이 끝내 탈피하지 못하는 최악의 시나리오로 이어질 것이다. 이 시나리오는 한국 사회에 다시 극단주의가 등장하는 원인이 될 것이며, 현행 한국 교육을 일신하는 수준의 개혁이 동반되지 않는 한 정치적 극단주의를 지지하는 사람들이 계속 생겨날 것이고 종국에는 한국 사회가 권위주의적 요소를 자력으로 타파할 수 없는 수준에 이르게 될 것이라고 필자는 확신한다. 정치를 무작정 갈등의 온상 내지는 교육에 불필요한 것으로 간주하고 있는 환경을 조속히 국가, 사회, 교육이 하나 되어 개혁해야 할 필요성이 다분하겠다.

또한, 한국 교육의 고질적 문제인 무한 경쟁 교육 및 암기식 교육 체계의 고착화는 민주시민교육에 있어 지대한 난맥상을 만들어 내는 또 하나의 원인으로 작용하고 있다. 12.3 비상계엄으로 촉발된 친위 쿠데타 시도와 이를 지지하는 사람들이 일으킨 서부지법 폭동은 수십 년 동안 한국 교육의 목적과 과업이 '능력주의적 가치 향상'이라는 목적에만 국한되었을 뿐 '시민적 가치 확립'이라는 민주시민교육의 본질을 전혀 달성하지 못하고 있다는 한국 교육의 현실을 단적으로 보여주는 한 장면이 아닐 수 없는 것이다. 필자가 상술했듯 현재 한국 교육 환경상 교사는 모든 교육 과정을 시험이라는 개념에 종속된 채 짜야만 한다. 벗어날 수가 없다. 극한의 무한 경쟁과 성적주의적 고정관념은 한국 교육을 지배하고 있으며 이는 절대로 교사 개개인이 극복할 수 없는 문제이기 때문이다. 프랑스의 교육 환경을 예시로 들면, 30여 년 전 자료에서부터 교과서에 기재된 분량 그대로 진도를 나갈 때, 진도를 절반 이상 나가는 교사의 비율이 전국을 통틀어 절반이 채 되지 않는다고 한다. 그만큼 교사들이 진도에 구애받지 않고, 진도와 무관하게 교과서를 참고 자료 정도로 활용하고 절대적인 기준처럼 활용하지 않는다는 점을 증명한다. 시험 위주의 환경에 학생부터 교사, 학부모에 이르기까지 모두가 지배당하고 있는 한국 교육의 현실을 다시 한번 근본적으로 성찰해 볼 필요가 있다는 이유이다. 교과서를 종교 경전처럼 달달 외워야만 하고 그것이 필수 불가결한 상황 속에서 학생들이 시민적 가치를 올바르게 학습할 수 있을 것인가? 발표, 토론, 체험학습을 진행할 시간에 시험에 나올 예상 문제와 기출 문제를 하나라도 더 풀어야만, 더 가르쳐야만 하는 환경 속에서 민주시민교육이 이상적으로 이뤄지는 게 과연 가능한가? 민주주의와 국가와 사회는 지극히 넓고 또한 다차원적이며 따라서 정답을 섣불리 규정할 수 없다는 것은 명백하다. 그래서 한국 교육은 섣불리 정답을 무엇이라 재단하기 어려운 민주주의와 정치의 기본을 가르치기보다 정답을 무엇이라고 정해놓기 쉬운 '제도적' 측면에만 정치 교육을 국한하려는 경향이 나타난다. 이미 제도적 민주화가 정립된 한국에서 시행되어야 할 교육은 정답이 무엇인지 외우라고 가르치는 것이 아니라, 정답이란 개념이 절대로 절대적인 것이 아니라는 것을 가르치는 것이라고 필자는 감히 지적하고자 한다.

결국, 이러한 민주시민교육의 부재라는 문제점은 마치 칡넝쿨이 나무에 꼬이듯이 여러 어려움과 애로사항들이 첩첩산중으로 겹쳐 있는 형국을 띠고 있는데, 이는 단순히 세대가 거듭될수록 희석되는 문제점이 아니라는 점은 우리 모두 대단히 유념하여야 할 점이다. 민주시민교육이 이뤄지지 않으면 청소년들이 청년이 되고, 장년에 접어들 정도의 세월이 지난다 해도 극단주의의 대두는 해결되지 못한 채 충분히 유효한 문제로 사회에 남아 있을 것이다. 게다가 이것이 다음 세대, 다다음 세대에게 도미노처럼 작용하여 그 심각성을 증대시킬 수도 있다는 사실을 우리는 더욱 심각하게 고려해야 한다. 사람이란 고정관념의 영향을 나이가 들면 들수록 더욱 강하게 받는 것이 정석인지라 청소년기에는 그 정치적 사상과 성향, 가치관이 수시로 변할 수 있을지언정 청년기 이후에는 청소년기에 "바뀌고 바뀌어서 최종적으로 정립된 정치관을 대부분 그대로 답습하는 경향을 보이기" 때문이다. 물론 청년기 이후에 모종의 사정으로 인하여 정치관 및 가치관이 극적으로 변화하는 경우 역시 적잖기는 하지만 그것이 보편적인 현상이었다면 고정관념이라는 단어는 진작에 존재의 가치를 상실하고 사전에서나 볼 수 있는 단어로 전락하였을 것이다. 그렇기에 청소년기가 지나기 전에 올바른 민주시민으로써의 가치관을 확립시키는 것이 민주주의의 미래와 국가의 안녕을 보장하는 데에 있어 대단히 중요한 과업에 해당한다고 필자는 분석하며,

또한 민주시민교육의 실질적 시행을 방해하는 교육적 제도나 요소가 있다면 이를 과감히 개혁하여야 한다고 여긴다. 민주주의 국가 교육에 무조건 꾸준히 달성해야만 하는 과업이 있다면, 제1의 과업은 민주시민을 육성하는 교육이어야만 하기 때문이다. 민주주의를 지키는 최후의 보루는 깨어 있는 시민의 조직된 힘이 될 수밖에 없는 법이다.

1-4) 발전하는 미디어를 이용한 광범위하고 조직적인 허위사실 유포와 그 폐해

이번 장에서는 필자가 직전 단원에서 꽤 많은 분량을 할애하며 12.3 내란에 큰 비중을 차지한다고 강조한 각종 선전 선동 기법과 그 종류, 그 부작용 및 폐해, 그 광범위한 영향력을 보다 자세히 서술하고 이를 방지하기 위해 국가와 시민이 어떤 해결책을 확립하여야 한다고 여기는지 필자의 견해를 가능한 한 세세하게 서술하고자 한다.

인류사 및 인류 정치 역사에 매체라는 개념이 등장했을 때부터 허위로 점철된 선동은 각국의 정치 역사에 대단히 큰 비중을 차지하였으며 실제로 이를 악용하여 독재적인 권력을 자신의 손아귀에 쥐는 것에 성공한 사람들도 역사적으로 적지 않다. 허위사실 유포와 극단주의 선동이 잘못되었다는 것을 모두가 알지만 그럼에도 불구하고 이러한 사례들이 인류사에 반복된 이유는 이러한 방식이 분명 적지 않은 수의 대중에게 먹히도록 선전 선동의 기법이 진화를 거듭하였기 때문이다. 이는 대한민국의 현대사 및 한국 정치의 역사를 돌아보아도 결코 예외가 아니었으며 특히나 전 국민이 너무나 쉽게 볼 수 있는 온라인 매체들이 늘어나게 되면서부터 허위사실 유포를 전제로 하는 선동은 매우 체계적으로 정립되었고, 또한 광범위해졌으며, 12.3 내란을 기점으로 결국 한국의 민주주의에 중대한 결함 요소로 자리 잡고야 말았다. 그렇다면 도대체 구체적으로 어떤 방식으로 어떤 과정을 거쳐 진화했길래 한국 사회에 이토록 극단적이며 위헌, 위법적인 면모를 가진 거대 정치 집단의 탄생에 크게 기여할 수 있었는가? 필자는 1-2번 챕터와 마찬가지로 세 가지 키워드를 바탕으로 이를 자세히 분석하고자 한다.

첫 번째 키워드: 미비한 정교분리 의식

> "교회는 가장 정의로운 사회를 이룩하고자 정치 투쟁을 할 수는 없으며 그래서도 안 됩니다."

> "교회는 국가를 대신할 수 없으며 그래서도 안 됩니다."

이는 다름 아닌 제265대 교황 베네딕토 16세가 직접 한 발언의 일부이다. 그러나 현재 한국 내 극단적 정치진영의 가장 중요하고 거대한 주류의 한 축은 다름 아닌 일부 기독교 "교회" 세력들이라는 것이 대단히 모순적이지 않을 수 없다. 정교분리라는 개념은 현대 정치의 기본 중 기본이라는 삼권분립보다 훨씬 먼저 시행된 그야말로 정치의 원조 기본격에 해당하는데 한국은 제도적으로는 완벽한 정교분리가 보장됨에도 불구하고 정교분리 '의식'이 상당히 저조한 편이라 필자는 분석하고 있다. 특히 일부 기독교 교회들에서는 "일상적으로" 설교 때마다 목사의 입에서 극단적 정치사상이 나오고 있다는 증언이 넘쳐나며 심지어 박근혜 대통령 탄핵을 기점으로 자유한국당(현 국민의힘) 소속 정치인들이 주도적으로 사랑제일교회를 방문하여 친박 집회에 교회 신도들을 동원하기 시작했다는 증언을 담은 기사가 뜰 정도였다. 비단 교회 신도들과 목사들뿐만이 아니라 정치권에서도 그런 미비한 정교분리 의식을 인지하고 있었으며 또한 종교를 자신들의 이권 챙기기에 꾸준히 이용하고 있었다는 명확한 증거가 아니겠는가? 일부 종교정당이나 군소 야당도 아닌 거대 양당이자 집권 여당인 국민의힘 마저 일부 교회 및 종교 신도들을 십분 활용하고 자신들의 지지층 결집에 이용하려고 시도했으며 또한 일부 성공을 거두는 모습들이 관찰되는 것은 "미비한 정교분리 의식이 근거 없는 선동이 광범위하게 퍼져나가는 것을 조장한다는" 주장에 더더욱 힘을 실어주는 결정적인 근거가 아닐 수 없다. 더욱 심각하고 무서운 점은 실제로도 그런 미비한 정교분리 의식을 이용한 선전 선동 전략은 성공하여 박근혜 탄핵 이후로도 지속하여 세를 불리면서 현재의 내란 사태에 큰 힘을 보태고야 말았다는 것이다. 설령 지금까지 그저 "종교 극단주의일 뿐"이라고 가벼이 치부되었다고 하여도 이제부터는 그 종교 극단주의가 민주주의를 무너뜨리는 결정적인 계기가 될 수 있다는 것을 무거운 마음가짐으로 상기하면서 정교분리 인식을 다시금 전 국민에게 재확립하여야 한다.

그렇다면 어떠한 수단과 방법으로 이런 양적으로 거대하고 철옹성같이 탄탄한 신도 비중을 가지고 있는 일부 거대 기독교 교회를 위시한 선전 선동 체계를 무너뜨리고 미약하기 그지없는 정교분리 인식을 증대시킬 수 있을까? 필자는 우선 한국 기독교계 전체가 자성의 목소리를 외치는 것이 그 무엇보다 시급하다고 지적한다. 정부와 지자체 차원에서 주도적으로 해결하겠다며 나서면 종교 탄압으로 변질되어 버릴 가능성도 농후하므로, 정부 및 국가는 강경한 대책을 섣부르게 내놓을 수가 없기 때문이다. 따라서 한국 기독교계가 스스로 자성하도록 하는 것이 최우선으로 되어야 하는 이유이다. 극단주의 척결을 명분으로 종교에 대한 탄압이 횡행하는 사회가 되어서는 절대로 아니 될 것임은 민주공화국에서 너무나도 당연한 상식이어야만 하기 때문이다. 우선 자성의 목소리를 외치는 시작점은 철저히 상술한 "일부"에 포함되지 않는 모든 기독교 교회여야 한다. 내란 행위 및 헌정질서 파괴 행위를 어느 교회는 규탄하고 어느 교회는 옹호하는 작금의 구도가 지속된다면 한국 기독교는 앞으로도 위헌, 위법적인 극단주의 정치 집단을 만들어 내는 온상으로 낙인찍힐 가능성이 상당히 높기 때문이다. 혹자는 "아니, 아까는 정교분리 운운하더니 이제는 정치에 관한 자성의 목소리를 내라고 서술하는 이유는 대체 뭐냐, 내로남불이냐" 라고 질문을 할 수 있을 것이다. 필자는 이러한 질문에 대한 대답을 앞서 언급한 제265대 교황 베네딕토 16세의 발언을 조금 더 인용하는 것으로 간단히 대신하겠다.

> "그러나 동시에 교회는 정의를 위한 투쟁에서 비켜서 있을 수 없으며 그래서도 안 됩니다."

> "교회는 이상적인 토론의 길로 그러한 투쟁에 들어서야 하며, 그 정신적인 힘을 다시 일깨워야 합니다."

> "그런 힘이 없으면, 언제나 희생을 요구하는 정의는 구현될 수도 없고 진보할 수도 없습니다."

이러한 발언에서 알 수 있듯이, 교회는 정치를 결단코 대신할 수 없지만 건강한 정치, 건강한 사회, 건강한 종교를 위한 자성의 목소리를 전혀 내지 않을 이유는 전혀 없으며, 그러한 목소리를 아예 내지 않아서도 안 된다. 실제로 20세기 중반 한국 땅에 군사정권의 인권 탄압과 폭력적 시위 진압이 만연할 당시 이러한 폭압적 국가폭력에 다름 아닌 김수환 추기경을 필두로 한 한국 천주교가 민주화 운동의 최일선에서 함께한 바 있다는 것을 상기해 보면, 그리고 후대에 그러한 사실을 배우는 우리가 아무도 그러한 연대 운동을 정교분리 위배라고 지적하지 않는다는 것을 상기해 보면 더더욱 그렇다. 대한민국에서 종교란 민주공화국 체제 및 민주주의의 근간을 수호하는 데에는 기여할 수 있지만 민주공화국 체제와 민주주의의 근간을 흔드는 데에 기여할 수는 없다는 개념을 확립시키고 앞으로도 영원토록 이 사회를 살아가는 후손들이 상기할 수 있도록 해야 한다.

두 번째 키워드: 정보화 시대의 어두운 면

21세기 극초반부터 세계는 본격적으로 정보화 시대에 돌입하였고, 그 긍정적인 영향은 지구촌을 다시 한번 진보시키는 데 성공하였다. 그러나 정보화 시대의 명과 함께 찾아온 암적 면모는 세상을 가짜뉴스, 선전 선동의 마수에 다시금 취약하게 만들기도 하였다. 그리고 현재 12.3 내란을 목도한 한국 사회는 내란 이전에도, 이후에도 그 "정보화 시대의 어두운 면"의 영향을 직접적으로 받고 있으며 이는 내란 세력이 탄생하는 직접적 원인으로 작용했다.

그렇다면 그 "정보화 시대의 어두운 면"이 구체적으로 대관절 무엇이길래 필자가 전 문단부터 현 문단에 이르기까지 빠지지 않고 수차례 강조하는 것일까? 가장 큰 문제는 다름 아닌 정보의 양이 차원이 다를 정도로 많아졌다는 점에서 기인한다. 분명 정보의 양이 많아지고 그 공유가 더욱 활발해진다는 장점은 정보화 시대의 최대 장점이지만 그 대가로 "사실과는 거리가 먼" 검증되지 않은 내용들이 소위 판치기 시작하였으며 정보를 보는 사람으로 하여금 고도의 해석 및 검증 능력을 요구하게 되었고, 그 결과 "사실관계에 기반한 정보"의 격차가 서서히 나타나기 시작했다. 우리가 너무 쉽사리 접할 수 있는 수많은 유튜브 쇼츠와 인스타그램 릴스만 보더라도 그러하고, 예전부터 극단주의와 선동으로 부정적 명성을 떨친 수많은 커뮤니티 게시판을 보면 더더욱 그러하다. 정보의 양 자체가 과거에 비해 수백 배, 수천 배가 많아졌고 따라서 거짓된 정보 역시 수백 배, 수천 배 많아졌으니 이 모든 거짓된 정보들을 객관적인 사실관계를 바탕으로 해석하여 스스로 거짓된 정보를 걸러내는 여력이 부족할 경우 선동당할 가능성도, 선동이 그대로 공유되어 선동을 곧 신념처럼 삼는 정치 집단에 합류하고야 말아버릴 가능성도 높아진 것이며 실제로도 그러하다. 언제나 그렇듯이 거짓된 정보가 넘쳐나는 환경이라면 그 분야에 "매우 특화되었으며 또한 관심이 지대한" 사람들이 아닌 경우 선전 선동을 목적으로 하는 거짓된 정보를 분간하기가 매우 어렵다. 특히나 집단 내에서 해당 분야에 관심이 지대한 사람이 부재할 경우, 이는 순식간에 거짓된 정보 그대로 퍼져 나가서 잘못된 신념을 가지는 데에 크게 작용하는 경향이 있다. 특히나 정치라는 분야는 자신이 가진 신념, 가치관과 반대되는 정치 집단을 자연히 멀리하게 될 수밖에 없다는 특성상 검증되지 않은 거짓된, 편향된 정보의 위험성이 매우 크고, 타 분야와 비교하더라도 사실을 바탕으로 정보를 해석하기가 극히 어려운 분야에 속하기에 가짜뉴스가 선전 선동에 끼치는 영향력이 더더욱 절대적이다. 극단적으로 말하자면 제아무리 거의 모든 국민에게 한목소리로 반박당하는 선동이라 할지언정 "내 주장을 반박하는 저 사람들이 죄다 극단주의자들이다"라는 논조로 유튜브 영상부터 커뮤니티 댓글, 게시글에 이르기까지 소위 '도배' 행위를 자행하면 반드시 그대로 선동되는 사람들이 있기 마련인 것이 정치라는 것이다. 이런 특성을 바탕으로 하는 것이 정치이니 언제나, 어느 나라나 똑같이 주기적으로 선동으로 인해 정치가, 민주주의가 무너질 위기를 한 번씩은 겪는 형국이다. 당장 '세계에 극우가 부활한다'라는 논조의 기사들을 요즘 들어 부쩍 많이 찾아볼 수 있는 이유 역시 필자가 생각할 때는 여기에 있다. 정보화의 광풍은 한국만을 대상으로 하는 현상이 아니었으니까 말이다. 세계 선진국들을 통틀어 분석하여 보아도 그 심각성이 현재 내란 세력들로 인해 혼란을 빚고 있는 한국만큼 극에 달하지 않았을 뿐이지 본질적으로는 크게 다르다 할 수 없을 정도의 현상들이 벌어지고 있음을 감안하면 거짓된 정보의 과다는 한국 정치, 아니 전 세계 정치에 있어 그 근본을 송두리째 뒤흔들 수 있는 대단히 위험한 요소라고 필자는 분석하고 있으며 이러한 문제의 해결책이 조속히 제시되지 않는다면 앞으로도 제2, 제3의 내란 세력이 탄생할 우려 속에 마음을 졸여 가며 정치 판세를 분석해야 하는 나날이 끝나는 일이 없을 것이라고 필자는 주장한다.

물론 정치 분야에서의 가짜뉴스를 효과적으로 차단하는 것은 유튜브 등 플랫폼들의 운영 측과 긴밀히 협력하여 사전에 그러한 무근한 정보들을 조기에 1면에서 내려 버리는 것이 제일일 것이지만, 표현의 자유를 기치로 하여 운영되어야만 비로소 온전하다고 자부할 수 있는 개념이 민주주의라는 점에서 이러한 적극적 검열 조치는 한 끗에 민주화의 근본을 태워 버리는 최악의 선택지로 변질될 가능성이 농후하다. 따라서 이러한 가짜뉴스 대응책을 수립하고자 할 때에는 다분히 신중하고 또한 다각적인 검토가 수반되어야 할 것인바, 필자는 전술한 사회 전반의 불신 현상부터 우선 파쇄시킨 다음 이러한 일련의 뉴미디어 선동 대응(예를 들면 가짜뉴스 차단 정책들)을 입안하는 것이 제일 이상적인 방안이라고 분석한다. 제아무리 뉴미디어를 통한 선동이 양적으로 방대하다 해도 제도권 언론이 이를 타당한 근거로써 반박하고, 또한 그 제도권 언론의 권위와 신뢰도가 폭넓게 보편적으로 인정되는 상황이라면 그러한 선동 효과는 손쉽게 반감되기 마련이기 때문이다. 결국 필자가 전술한 한국 사회 내에 팽배한 불신이 이러한 뉴미디어 선동의 효과를 배가시키고 있기에 가짜뉴스에 대한 사전 차단 조치가 가능해지기 위한 선결 조건은 반드시 이러한 불신, 특히 제도권 언론에 대한 과다한 불신이 척결되는 것이라 하겠다.

세 번째 키워드: 현대인의 바쁘기 그지없는 삶

어찌 보면 이번 챕터에서 다루는 문제 중 제일 가는 핵심적 문제이자 해결이 가장 어렵고 난해하다고 볼 수 있는 문제가 바로 이 부분이다. 현대 한국 사회를 살아가는 시민들은 정치에 참여해야겠다는 의식 자체는 상당히 높은 축에 속하는 반면, 전 세계를 통틀어 제일 바쁘다. 청소년기에는 성적을 챙기느라 눈코 뜰 새가 없고, 청년기에는 대학, 취업 준비 등으로 눈코 뜰 새가 없으며(남성 청년의 경우 징병제로 인한 군 복무 문제까지 추가된다) 장년기에는 한국 노동환경 특유의 여가 시간 부족으로 눈코 뜰 새가 없다. 사실상 전 국민, 모든 세대에 걸쳐 바쁘지 않은 사람이 존재하지 않는다고 전제해도 전혀 문제가 되지 않을 수준이다. 그리고 이렇게까지 극단적으로 전 국민이 바쁠 수밖에 없는 사회일수록 허위 사실과 선전 선동에 시민 전체가 취약해지는 현상이 나타날 수밖에 없게 된다고 필자는 강하게 주장한다.

혹자는 "현대 사회를 살아가는 세계인들은 다 바쁘지 않나? 이게 딱히 한국만의 문제라고 할 수가 있나? 지나친 비약이다"라는 의문을 제기할 수 있겠지만 실제로 한국의 노동 시간이 타 선진국과 비교할 시 명백히 최악의 수준을 달리고 있으며 영/유아기 세대 내지는 은퇴 이후 세대를 제외하면 전 국민이 세계에서 가장 바쁜 일상을 살아가는 사회가 바로 한국임이 국내외를 가리지 않고 발표되는 수많은 통계로써 증명되기 때문에, 이러한 의문은 사실상 간단하게 논파된다. 그렇다면 이에 따라오는 두 번째 질문은 "한국 국민이 바쁜 건 알겠는데, 그만큼 짧은 시간 안에 많은 정보를 볼 수 있는 환경 아닌가? 위에 정보화 시대라고 써놓기까지 했으면서"와 같은 뉘앙스를 생각하여 볼 수 있다. 바로 여기서부터 필자가 왜 세 번째 키워드로 현대인의 바쁜 삶을 논하였는지 구체적으로 서술하여 보고자 한다.

저러한 반론대로, 정보화 시대가 도래함으로써 바쁜 삶을 살고 있다 한들 짧은 시간 내에 많은 정보를 접할 수 있으며 실제로도 그러함은 명백한 사실이다. 그러나 이러한 현대 한국인들의 바쁜 일상이 발전하는 선전 선동 기법 앞에 사회를 취약하게 만드는 원인으로 기능하는 가장 큰 이유는 등잔 밑이 어둡다는 격언과 같이 저 질문 속에 절묘하게 숨어 있었으니, 그것은 바쁨 속에서도 정보를 보고 들을 수는 있을지언정 바쁨 속에서 보고 들은 정보가 맞는지 "검증할 수는 없다" 는 점이다. 아무리 많은 정보를 접할 수 있다 한들 이러한 정보의 질이 높은지, 충분한 근거를 바탕으로 하는 정보인지 검증하는 것은 충분한 시간적 여유가 주어지지 않는다면 불가능하다. 따라서 정치 및 사회 비평을 생업으로 하는 사람 혹은 해당 분야에 지대한 관심을 가지고 상당한 시간을 투자하는 사람들을 제외한다면 대다수 국민은 바쁜 삶을 보내는 가운데 관련 기사의 제목이나 커뮤니티 게시글, 댓글들만 보고 미루어 짐작하거나 편향된 정보를 접하고도 이를 수정할 만한 올바른 정보를 발견하지 못하는 등 편향의 오류를 범할 가능성이 상당히 높아지는 것이다. 그리고 이러한 오류들이 계속해서 누적된다면 편향된, 혹은 거짓된 정보를 기반으로 하는 극단적 정치세력이 형성되고, 확장되어 종국에는 한국의 민주주의 그 자체에 심대한 부정적 영향력을 끼칠 가능성이 농후하다는 것이 필자의 주장이며 실제로 이번 12.3 내란은 이렇게 형성된 극단적 정치세력을 신뢰하고 또한 자신들의 권좌를 유지하는 데에 이용하려는 세력이 주도한 친위 쿠데타라는 양상을 보인 것으로도 모자라 그토록 철저히 민주주의를 파괴하려 했던 세력에게 무비판적인 지지를 보내는 극단적 정치세력의 준동으로 인해 헌정질서에 대한 도전이라 여겨지는 서울서부지방법원 폭동 사태로까지 이어지고야 말았다는 것은 필자의 주장이 근거 없는 비약이 절대 아니라는 것을 충분히 증명하였다고 본다.

그러나 필자가 상술하였듯이 이러한 한국 사회의 무지막지한 노동 시간 및 부족한 여가 시간의 문제는 하루 이틀 누적된 병폐가 아님은 물론이거니와 20세기 중반부터 지속된 경제 성장의 암적 면모가 수십 년간 해결되지 못한 나머지 그 부작용이 사회 곳곳에 도래하는 지경에 이르렀기 때문에 발생하고 있는 현상인 것으로써, 그 개선을 논함에 있어서도 도대체 어디서부터 손을 대야 하는지 감을 잡기조차 쉽지 않은 것이 현실이다. 노사 간 이

해관계의 차이와 맞물리기 시작하면 법정 노동시간 감축은커녕 최저 임금조차 노동 강도 및 물가 상승률에 맞추어 적용되기 힘들다는 현상을 상기할 때 더더욱 그렇다. 이러한 실상을 감안하여 분석할 때, 필자는 특히나 한국의 노동환경은 종전에 없었던 혁명 수준의 진보를 이룩하여 지난 수십 년과는 그 뿌리부터 다른 선진적인 환경을 한국 사회의 전 근로자에게 선사할 필요성이 반드시 있으며 이는 한국의 민주주의를 항구적으로 공고히 하는 데에도 크게 기여할 수 있다고 필자는 판단하는 바이다.

2

내란의 힘을 사전에 막을 수 없었던 이유는 무엇인가?

2-1) 지나치게 행정부와 대통령에게 국정 운영의 비중이 쏠려 있는 제도적 오류

2-2) 우파 유튜브 등 신뢰성 없는 선동과 날조만 취사선택하던 국민의힘과 윤석열 정부

2-3) 미흡하다 못해 부실하기 짝이 없는 한국군의 문민통제와 국방부 문민화

2-4) 일부 극단주의 교회 및 종교 단체들의 정교분리 붕괴, 국민저항권 선동

2

내란의 힘을 사전에 막을 수 없었던 이유는 무엇인가?

2-1) 지나치게 행정부와 대통령에게 국정 운영의 비중이 쏠려 있는 제도적 오류

이번 챕터에서는 내란의 원인 그 자체보다는 어떠한 직간접적인 제도의 오류들이 이번 12.3 내란 사태의 핵심으로 기인하였는지, 내란 행위 및 내란의 원동력을 사전에 막을 수 없었던 이유가 무엇인지를 필자가 생각하고 있는 모든 원인을 총망라하여 서술해 보고자 한다.

1987년 6월 민주항쟁의 결과물로써 탄생한 제6공화국의 9차 개헌은 철저히 대통령의 독재 가능성을 사전에 면밀히 차단하는 것에 총력을 두었으며 그 결과는 5년 단임제를 골자로 하는 철저한 단임 대통령제였다. 물론 당시로써는 필수 불가결한 측면이 존재함이 사실이었지만 이번 12.3 내란은 대통령의 임기를 제한하고 재선을 방지하는 것으로는 대한민국의 민주주의를 항구적으로 수호하는 역할을 해야 할 현행 헌법이 40년에 가까운 세월이 지나고 그 역할 수행에 있어 본질적인 한계를 노출하였음을 명백히 방증한다. 자세한 사항은 3-1번 챕터에서 자세히 서술하겠지만 이번 챕터에서 필자가 서술하고자 하는 핵심은 현행 헌법 그 자체만이 아니라 대통령의 권한을 현행 헌법을 포함한 현재의 그 어떤 법과 제도도 효과적으로 제한시키지 못하였으며 그러한 맹점이 작금의 정치적 혼란과 내란 획책 시도를 막지 못한 결정적인 이유라는 것이다. 그리고 이를 세부적으로 분석하면 결국 "행정부 편중"이라는 하나의 공통된 문제점이 떠오르게 된다. 행정부에 지나치게 과다한 권력이 편중되어 있다는 지적 자체는 언제나 제기되던 문제였으나 12.3 내란 이전까지는 엄연히 "민주주의를 근본적으로 파괴하려는 대통령"이 나올 것이라고는 대부분 상상하지 않았을 것이며 설령 박근혜 탄핵이라는 일련의 사건을 겪으며 최악의 경우를 상상했을지언정 "국민의 힘"으로써 민주주의를 파괴하려는 시도를 성공적으로 봉쇄한 바가 있었기 때문에 "제아무리 대통령에 권력이 많이 가 있는 구조라도 그렇지 어느 정신 나간 대통령이 그걸 민주주의 파괴에 써먹을 수 있겠나? 그게 가당키나 한 소리인가?" 라는 여론이 중론이 '었'다.

그러나 이제는 상황이 완전히 달라졌다. 한국의 민주주의 제도는 그 수준이 너무나도 완벽하여 그 어느 극단주의자도 쉬이 깰 수 없는 철옹성이라 모두가 믿었다. 그러나 이는 사실이 아니었으며, 그저 윤석열과 같은 수준의 극단주의자가 대통령에 당선된 적이 민주화 이래로는 한 번도 없었으므로 한국의 민주주의가 이 정도의 위기를 겪지 않았을 뿐이었다. 이번 내란으로 인해 그저 우리 모두 표면적으로 공고해 보이던 현재의 법과 제도 앞에 방심하고 있던 것일 뿐이었음이 만천하에 드러난 셈이다. 특히나 이번 12.3 내란이 필자에게 선사한 충격은 한 가지가 더 있는데, 그것은 윤석열 정부가 임기 내내 거부권이라는 선택지를 남용하는 비교적 간단한 조치만으로 국회라는 대의민주주의의 정수이자 상징인 기관이 가지는 권위를 너무나도 쉽게, 극단적으로 말하면 마치 국회가 무슨 의미가 있나 싶은 수준으로 봉쇄해 왔으며 실제로 국회와 국회의장에게 한 마디 통고도 하지 않고 자신의 의중대로 군을 내란 행위에 동원할 수 있었다는 것이다. 거부권 항목을 우선 살펴보자면, 윤석열은 겨우 3년도 채 안 된 대통령 재임 기간에 권한대행도 아닌 본인이 행사한 거부권 횟수만 해도 25건에 달할 정도로 지나치게 거부권을 행사하였는데, 이는 무려 12년간 집권한 이승만이 행사한 거부권 횟수 총합의 절반을 넘어서는 수준이다. 그리고 법률안 거부권의 특성상 25건의 거부권 행사 중 끝내 국회에서 재의결된 법안은 단 한 건에 불과했으며 그마저도 재의결된 날짜가 2025년 4월 17일이다.

윤석열이 탄핵소추에 파면까지 당한 이후 시점이었다. 사실상 대통령 단 한 명의 거부권 행사가 수백 명의 헌법기관이 본연의 권한을 행사하지 못하게 막아선 셈이다. 물론 대통령의 법률안 거부권은 재의결이 이루어진 법률안에 대해서는 효과가 없으며 실제로 국회가 200석이라는 수단으로 무력화한 전례가 없던 것은 아니다. 그러나 국회가 법률안 거부권을 무력화하려면 야당의 "개헌 저지선 확보"라는 대단히 어려운 선결 조건이 달성되어야만 하고 실제로 헌정사상 국회는 야당 의석만으로 200석 이상이 구성된 적이 한 번도 없다는 점을 반추하여 보면, 비단 윤석열의 거부권 남용만이 문제로 지적될 것이 아니라 국회와 대통령, 정부 간 견제의 '균형'이라는 측면에서 현행 헌법 및 법률에 근본적인 하자가 분명히 존재한다는 것을 미루어 짐작할 수 있다. 또한 이번 12.3 내란의 시작이었던 비상 계엄령 선포 및 계엄의 전개 과정을 분석했을 때, 삼권분립의 핵심인 국회를 경비하는 국회 경비대가 행정부 소속인 경찰의 지휘를 받는다는 아이러니로 인하여 국회의원들이 국회로 출입하는 것이 봉쇄되었던, 실로 기가 막힌 촌극이 펼쳐졌다. 현행 헌법 및 계엄법의 범위상 행정부와 사법부는 계엄령의 영향을 받아 계엄사령부의 통제를 받으므로, 비상 계엄령을 해제할 수 있는 유일한 헌법기관은 오로지 국회뿐이다. 그러나 국회 정문은 너무나 쉽게 국회가 아닌 정부의 통제 속으로 들어가 버렸으며 계엄령을 해제하기 위해 국회의원들은 시민들의 도움을 받거나 문이 아닌 국회 담을 넘어야 하였다. 이를 통해 유추할 수 있는 사실은 무엇인가? 바로 "한국은 친위 쿠데타가 발생할 시 국회라는 대의민주주의 기관이 헌법에 보장된 권한을 온전히 행사하기 위해서 [시민들의 헌신적인 저항]과 [경찰, 계엄군의 소극적인 임무 수행]이 필요한 나라였구나"라는 사실이다. 헌법재판소가 윤석열을 파면하면서 낭독한 결정 요지에 명시된 저 두 개의 대괄호가 충족되지 못하였다면 대한민국은 다시 한번 독재 앞에 무릎 꿇어야만 했을 것이 자명한 결과가 아니겠는가? 비록 민주주의의 기치를 전 국민이, 대다수의 군경이 다시금 상기하고 또한 지켜낸 것이 사실이지만, 그 과정은 너무나도 무거웠던 긴장의 연속이었다. 분명히 12월 3일의 그 현장을 바라보는 국민들은 군경의 "소극적인 임무 수행" 여부에 민주주의의 존망과 국민주권의 존망이 결정되는 상황에 두려움을 가져야만 했고, 제도적 민주화가 확립된 1987년 이후에 제정된 현행 헌법과 법률로도 비상 계엄령을 내란에 이용하려는 "시도의 결행"까지는 결국 막지 못했으며, 이후에도 1차 탄핵소추안 발의가 투표 불성립으로 마무리되면서 윤석열과 정부가 또다시 2차 비상계엄의 방아쇠를 당길 수 있다는 여지가 소멸하지 않는 불안한 정세가 12월 3일 이후로도 한동안 지속되었다는 사실을 상기하면 필자가 주장하는 행정부 편중이 그간 얼마나 심각하였는지를 알 수 있다. 물론 국가가 꼭 전시 상황에 도래하지 않더라도 대통령의 직권으로 비상 계엄령을 내려야 할 경우가 아예 없어야 하는 것은 아니지만 그럼에도 필자는 "대통령 혼자서 너무나도 많은 걸 할 수 있는 나라였구나"라는 충격에서 쉽게 빠져나올 수 없었다. 행정부의 심의 기관으로써 헌법이 정하는 사항에 대한 심의가 반드시 수반되어야 한다는 국무회의는 그저 대통령이 고집 한 번 부리면 그 존재 자체가 무의미한 것으로 전락할 수 있는 것이었고, 한 명 한 명이 헌법기관으로써의 권위를 지닌다는 국회의원들은 계엄령을 해제하기 위해 국회 담장을 넘어야만 했으며, 내란수괴 혐의로 내란수괴 피의자를 체포한다는 너무나도 당연한 체포 절차의 집행 역시 그 과정이 너무나 지난하였으며 결국에는 재판 내내 내란우두머리 피고인을 구속하는 것에 실패하였다는 큰 오점을 남기고야 말았다.

물론 국회와 국회의원들은 내란 세력의 방해 공작에도 불구하고 처절한 노력 끝에 비상 계엄령을 무력화하는 것에 성공하긴 했으나, 근본적으로 대통령 1인에게 편중된 체제가 민주주의를 항구적으로 굳건히 유지하는 데에 얼마나 큰 악영향을 끼칠 수 있는지 제대로 보여준 것이 바로 12.3 내란인 셈이다. 국회는 비록 비상 계엄령이 내란의 '성공' 및 독재로 이어지는 것을 조기에 차단하는 것을 성공시켰으니 "대의기관"으로써 그 기능을 충실히 수행하였다고 볼 여지가 있지 않느냐? 필자 또한 그 점을 부정하지는 않는다. 그러나 계엄령 자체가 계획되고 실행되는 것에 있어 대통령과 대통령이 임명한 극소수의 정부 인원이 국회라는 "대의기관"의 견제를 손쉽게 무력화하거나 비난을 감수하고 배제하며 이러한 계략을 실행하고자 골몰했고 실제로 그렇게 할 수 있었다는 점에서 현재 한국의 정치 구조와 제도는 권력을 균형 있게 분산하지 못했음이 확실해진 것이라고 필자는 거듭 주장한다.

2-2) 우파 유튜브 등 신뢰성 없는 선동과 날조만 취사선택하던 국민의힘과 윤석열 정부

이전 문단에서부터 필자가 개략적으로 서술한 대통령에 지나치게 집중되어 있는 정치 구조 및 제도 문제를 차치하고 따지자면 결국 대통령 본인이 스스로 민주주의를 지키면서 정치를 한다는 전제 하에서라면 2-1번 문단에서 필자가 서술한 모든 문제점은 굳이 다뤄야 할 이유가 없을 것이다. 그렇다면 윤석열 정부와 국민의힘 정당은 도대체 얼마나 많은 문제점이 산적해 있었길래 신뢰성 없는 선동과 날조에 가까운 정보들만 골라서 취급하였고 종국에는 계엄령과 같은 행위로써 자신들이 항구적인 권력을 차지할 수 있을 거라고 믿기까지 하였을까? 지금부터 필자가 생각하는 국민의힘과 윤석열 정부가 자행한 그릇된 행보를 총망라하고자 한다.

우선 필자가 반드시 자세하게 지적하고자 하는 사항은, 윤석열과 국민의힘 정당이 이미 윤석열 정부의 시작부터 사실상 국민 통합이 아닌 선전 선동과 콘크리트 극단주의 형성을 목적으로 하고 있다는 듯이 신뢰성이 전혀 담보되지 않는 논란의 우파 유튜버들을 "대안 언론"으로 추켜세우고, 또한 윤석열의 욕설을 보도했다는 것 하나만으로 비상식적인 트집을 잡아 기성 언론을 "선동 집단"으로 깎아내리거나, 여당 차원에서의 고발 등의 명백한 언론 통제 조치를 시행하며 적극적인 언론 탄압과 진실 왜곡 시도를 반복해 자행하였다는 점에 있다. 이는 주식회사 문화방송이라는 한국 3대 지상파 언론과 윤석열 정부의 갈등, 그리고 윤석열 정부와 국민의힘 정당이 mbc에게 그간 자행한 탄압을 단순히 추려만 봐도 손쉽게 알 수 있는 사실이다. 헌정사상 최초로 대통령 전용기에 주요 언론사 취재진의 탑승을 불허한 것과, 명예훼손도 업무방해도 공무집행방해도 성립하지 않는 "모든 언론이 1차적으로 동일하게 보도한" 윤석열 욕설 논란에 대하여 국민의힘 정당이 mbc를 고발한 사건이 대표적인 예라고 할 수 있겠다. 물론 대한민국 정치의 역사에 정부의 언론 통제, 탄압 행위가 이전에도 전례가 없던 것이 아니었으므로 이것만으로는 윤석열 정부가 특별하게 압도적으로 문제가 되는 것이 아니라고 할 수도 있다. 그러나 진정한 문제점은 그걸로도 모자라 일개 우파 유튜버들을 대안 언론으로 치켜세우고 그들의 말과 행동 하나하나에 정부부터 여당까지, 심지어 그 지지층까지도 통째로 완전히 경도되어 버렸다는 점에 있는 것이다. 이는 윤석열 정부 당시 대통령실 차원으로 시민사회수석실에 '유튜브 전담 행정관'을 두고 정치 유튜브 동향 분석 및 유튜버 관리를 시행했다는 폭로가 기사화되어 나오기도 했다는 점과, 그 신뢰성을 도저히 담보할 수 없는 유튜버들에게 "윤석열이 탄핵 소추당한 이후에도" 당비대위원장의 명의로 설 선물을 지급하고 끝끝내 철회하지 않는 등 유튜버들에게 경도되어 의도적으로 신뢰성 없는 선전 선동을 지지하고 이에 기반한 네거티브성이 짙은 전략을 사용해 왔다는 점에서 명백히 증명된다. 윤석열 정부는 그 시작부터 평산마을 고성/욕설 시위와 노회찬 의원 사망 당시 잔치국수 조롱, 세월호 참사 유가족 모욕 등등 수많은 논란의 중심이던 우파 유튜버 안정권을 포함한 수십 명의 유튜버들을 대통령 취임식에 '초청'하고 안정권의 조력자를 자처한 안정권의 누나 안수경을 대통령실 7급 공무원으로 채용했다. 거기에 더해서 국민의힘 정당은 이후로도 윤석열의 임기 내내 논란이 끊이지 않는 우파 유튜버들을 당원으로, 또한 매해 정부와 지자체로부터 40억 원 상당을 지원받는 사실상의 관변단체인 한국자유총연맹의 자문위원으로 받아들이는 행보를 보이는 등 12.3 내란 이전부터 사실상 극우와 하나 되어 극단주의에 경도된 일부 지지층에 골몰하는 태도를 꾸준히 보여 왔다. 이는 민주주의를 지키기 위한 최소한의 '공정과 상식'마저 저버린 행동으로써, 자당이 차지할 국회 의석과 지지도에만 골몰한다는 전제가 성립되지 않는다면 절대로 집권 여당에서 나올 수도 없고, 나온다면 무지막지한 비난을 화살 세례처럼 맞아야 하는 전략이며 실제로 맞고 있다. 그러나 국민의힘은 자신들이 윤석열 정부와 함께 외쳤던 '공정과 상식'을 기어코 저버리는 것을 택했고, 너무나 당연하게 그러한 방식을 비판하는 자성의 목소리가 당 내에서 나와야 했음에도 불구하고 그러한 목소리는 끝내 당내에서 반향을 일으킬 정도로 나오지 않았거나, 반향을 일으키는 데에는 끝내 실패하였다. 이는 국민의힘 정당의 문제점과 그릇된 행보가 결코 윤석열 단 1명으로 인해 촉발되지 않았다는 것을, 또한 윤석열 정부에 들어서 갑자기 튀어나와 쌓이기 시작한 문제점일 뿐이라고 단정할 수도 없다는 것을 시사한다.

물론 이렇게 장황하게 서술하지 않더라도 박근혜 대통령 탄핵부터 시작해서 탄핵소추를 당한 대통령을 연속으로 배출하였다는 것을 보면 국민의힘 정당에 윤석열 정부 이전부터 모종의 문제가 대단히 꾸준하게 쌓여왔음은 손쉽게 알 수 있을 것이지만 "도대체 어쩌다가 이 정당이 이렇게 됐지?" 라는 의문을 지우기는 쉽지 않았기에 필자는 이를 집중적으로 분석해 보았고 그 결론은 10번을 분석해 보아도 철저하게 한 가지로 귀결되었다. 이전 문단에서 귀에 못이 박히도록 필자가 강조했듯이, 이런 먹혀서는 안 될 전략이 일부 지지층에게는 "너무나 잘 먹히는" 상황이었기 때문이다. 이전 문단에서 필자가 전술하였듯이 정보를 받아들일 수는 있지만 검증하여 걸러낼 수는 없는 현대인의 바쁜 삶과, 정치 이야기와 담론이 도저히 일상에서 나오기가 힘든 경직된 사회 분위기, 이전부터 한국 사회에 그 뿌리가 깊숙했던 권위주의가 전부 합쳐지면서 복잡한 연구와 장기적인 토론 등을 거쳐야 하는 일반적인 수고로운 정치 방식보다 "쉽고 빠르며 간단한"방식을 택하여 당세를 사수하려는, 소위 "절대로 성공하면 안 되는 비겁하며 졸렬한" 작전이 실제로 절반의 성공을 거두기 시작한 것이다. 물론 그 성공의 실상은 수박 겉 핥기 식으로 간단하게 봤을 때 성공일 뿐이다. 실제로 깊이 분석하면 전혀 성공이라고 볼 수는 없는 것임이 명백하다. 그러나 필자가 이전 문단에서 언급한 현상이 무엇인가? 현대인은 너무 바빠서 "깊이 분석하고 검증할 수가" 없다고 하지 않았는가? 이런 지경이니 서서히 이러한 "성공인 듯 보이지만 성공이라 볼 수 없는" 현상들이 진짜로 성공한 것처럼 대중에게 받아들여지기 시작했으며 국민의힘 정당, 윤석열 정부가 자행한 저런 그릇된 행보들은 바로 이러한 현상으로부터 윤석열과 국민의힘이 극단주의 지지층 양성에 대한 자신감을 얻어 버린 점에서 기인한다고 필자는 분석하고 있다.

또한 윤석열 정부의 탄생과 이후 2년 반에 달하는 시간 동안 발생했던 수많은 정치적 난맥상에 관하여 집중적으로 서술해 보고자 하는데, 필자가 생각하기에 애초에 윤석열 정부의 탄생은 철저히 "네거티브적 공세"로 시작되었고 그러한 집중 공세가 성공한 결과로 탄생했다고 본다. 아주 철저히 말이다. 비단 정치에서 상대 세력에 대한 네거티브적 공세가 자행된 것이 한두 번이 아니라고는 하지만, 윤석열 정부가 탄생한 20대 대선 당시 국민의힘 측의 선거 전략은 한 마디로 그저 상대의 리스크만을 골라 공격하고 생산적인 정치적 공약은 부재했던 분위기의 절정이었다.

그리고 윤석열 정부는 탄생 직후부터 철저한 프레임 공세로써 자신들에게 가해지는 비판에 대응하기 시작하였으며 마찬가지로 이러한 프레임을 씌우는 것에 "그것이 사실인지는" 전혀 중요한 요소가 아니었다. 당연하게도 윤석열 정부는 소위 "허니문 효과"를 충분히 누렸다. 윤석열의 대통령 취임과 연결되어 치러졌던 전국동시지방선거에서의 성과가 그것이다. 그러나 여전히 여소야대라는 국회 구도는 윤석열 정부 입장에선 매우 큰 난맥상이었고 따라서 이를 극복하기 위해서는 22대 총선에서의 성과가 절실하였지만 필자가 위에서 서술했듯 국민의힘의 선전 선동 전략 자체가 말 그대로 "절반의 성공"에 그쳤던 상황에서 별다른 국정 변화를 만들어 내지 못한 채 지켜보는 국민이 말 그대로 "지쳐 쓰러질 거 같을 정도로 진부하리만치 똑같은" 반민주당 공세만을 반복하며 대다수 국민의 신뢰를 완전히 잃어버렸고, 그 결과 22대 총선은 윤석열 정부에게 끝없는 여소야대 정국을 선사하고야 말았다. 자신들이 즐겨 썼던 방식에 결국 발목을 잡히고 만 것이다.

역대급 여소야대인 22대 국회의 구조상 야당에 국정 주도권을 모조리 빼기고 남은 3년을 저조한 지지율과 함께 끌려갈 수밖에 없다는 위기감이 윤석열 정부에 대두된 가운데, 윤석열은 그 이전부터 음모론 자체는 돌았으나 당연하게도 대다수에게 철저히 부정당하고 있었던 단어를 하나 꺼내 들어 선동에 사용하기 시작했는데, 바로 부정선거 음모론이 그것이다. 분명히 자신들이 당선될 때까지만 하더라도 먹혔던 네거티브에 기반한 공세 전략이 22대 총선에서는 먹히지 않자 난국을 타개하기 위해 새로운 선동 카드를 꺼내 사용한 것인데, 불과 자신이 당선된 20대 대선만 하더라도 자체적으로 부정선거는 없다는 홍보 자료까지 제작했을 정도로 부정선거를 부정하는 데에 열성이었던 윤석열이 이런 부정선거 음모론을 이용하기로 결심하기까지는 그리 오랜 시간이 걸리지 않았으며 안타깝게도 이 음모론이 퍼져나가는 속도 역시 그에 비례했다. 필자가 상술하였듯이 국민의힘과 윤석열 정부가 부정선거 음모론을 자신들의 권력 유지에 활용하기로 결심한 이상 자신들이 말하고 퍼뜨리는 내용이 검증된 사실인지, 근거가 있는 것인지는 전혀 중요하지 않았다. 그저 압도적인 영상 조회수와 압도적인 댓글 개수와 압도적인 커뮤니티 게시물 개수가 필요했을 뿐이었다. 그리고 그런 실로 거짓된 믿음으로 점철된 자신들의 콘크리트를 확보하기 위해서는 우파 유튜버들을 활용하는 것이 사실상 필수 불가결한 상황이었으며 실제로도 그렇게 했다는 것이 만천하에 드러났다. 이렇듯 필자는 절대 국민의힘과 윤석열 정부가 그저 유튜브만 보고 정치를 한 나머지 망가진 비운의 정치세력일 뿐이라고 보지 않으며 발전하는 매체들과 한국 사회에 산재한 권위주의, 그리고 바쁘기 그지없는 현대인의 삶까지 정확하게 분석하고 이를 자신들의 권력을 항구적으로 공고히 하는 데에 이용하고자 대단히 파렴치하고 간특하며 악착스

럽기 이를 데 없는 정치 선동을 통해 대한민국의 민주주의와 헌정질서를 조직적으로 무너뜨리려 시도했다고 규정하는 바이다. 이러한 일련의 작전이 '일단' 실패로 돌아간 것이 참으로 다행스러운 일이 아닐 수 없지만은, 이런 자유민주주의 헌정질서에 대한 조직적 "반란 행위"는 '일단' 막아야 할 것이 아니라 '영원히' 원천 봉쇄해야 하는 개념이기 때문인 것이 필자가 이 도서를 세상에 내보이는 이유이다.

2-3) 미흡하다 못해 부실하기 짝이 없는 한국군의 문민통제와 국방부 문민화

현재 한국군의 문민통제는 명목상으로는 매우 잘 이루어지고 있다지만, 그 세부를 자세히 파악해 보면 문민통제 미비와 관련한 실태가 그야말로 처참한 수준이다. 그리고 이런 미비한 문민통제는 필자가 이전 문단에서 다룬 수많은 이유와 마찬가지로, 혹은 더욱 직접적인 내란 획책의 원인으로 작용하고야 말았다. 도대체 어째서 한국군의 문민통제는 내란 행위를 막을 수 없을 정도로 그 취지, 본질적 의미가 퇴색된 수준에 이르렀는지를 상세히 알아보고자 한다.

우선 한국군의 역사에서 찾아볼 수 있는 문민통제 미흡의 배경도 어느 정도 존재한다. 독립, 그리고 창군 이래 현재까지 한국

군은 언제나 육군 중심의 국방 편중 현상을 보여 왔으며 그 주축이 되는 육군이 일제강점기에서 기인하는 구 일본군의 잔재를 완전히 털어내지 못한 채 6.25 전쟁이라는 너무나 큰 시련을 겪으면서 그 진보적 변화의 시도 자체가 물리적으로 막혀버린 채 국방의 방향성이 고착화된 것이 첫 번째 중대 원인이라고 할 수 있다. 6.25 전쟁으로 인한 트라우마는 그 영향력을 휴전 이후 70년이 넘게 지난 현재까지도 여전히 건재하게 사회 전체에 투사하고 있기 때문이다. 아울러 필자가 지적하는 또 하나의 원인은 대한민국의 역사를 통틀어 군사 독재 정권이 득세한 기간이 너무나 길었다는 점이다. 군사 쿠데타를 일으켜서 그 정권을 잡은 정부라면 필연적으로 문민통제가 미흡해질 수밖에 없으며(당장 군사정부에서는 군 통수권자부터 문민이 아니기 때문이다) 이러한 독재 체제가 장기화할 경우, 사회에 소위 "엘리트" 내지 "지식인"이라고 불리는 계층 자체가 군인 내지 군 출신으로 도배될 수밖에 없기 때문이다. 이러한 현상은 자연히 사회 전체의 군사화 내지는 병영 국가화를 부채질하며 동시에 군인이 아닌 사람들의 국방 분야 진입을 차단하는 강력한 벽으로 작용한다. 그리고 군사 독재 정권은 한국에서 무려 20년 이상의 세월을, 그것도 한국이 맞이한 고도의 경제 성장 기간과 정확히 겹치는 시기에 집권하고 있었다. 이 기나긴 시간 동안 상술한 이유로 인해 한국 사회 내에서 "민간 출신 군 전문가"가 사실상 "증발"한 것이 미흡한 문민통제의 가장 큰 역사적 원인이라고 필자는 분석하고 있다. 군사 독재 정권이 만들어 내고 확산시킨 특수성이 결국 민간 사회의 군사 분야 개입을 원천적으로 봉쇄하는 "심리적" 장벽으로 진화하여 현재까지 그 악영향을 미치고 있기 때문이다. 단적으로 현재 한국의 문민통제는 엄격한 점수로 따졌을 때 반쪽짜리 내지는 그 이하의 점수를 받아야 마땅하지만 그럼에도 그 심각성을 중요하게 인지하고 담론으로 삼는 경우가, 아니 한국군의 문민통제 실태가 사실상 반쪽짜리라는 것을 인지하는 경우 자체가 보편적으로 다수인지 소수인지를 한번 진지하게 저울질해 보면 손쉽게 알 수 있다. 기나긴 군사 독재는 결국 한국의 민간 사회를 군 당국과 완전히 단절시키기에 이르렀으며 그러한 정보의 격차는 자연스레 문민통제에 대한 대중의 무관심으로 이어졌고, 그러한 문민통제 미흡의 부작용이 수십 년간 누적된 결과 우리는 12.3 내란 사건이라는, 봐서는 안 될 쓴맛을 보아야만 했다.

자, 그렇다면 대관절 문민통제의 미흡이 어떻게 12.3 내란의 중대 원인이자 기폭제가 될 수 있는가? 라는 의문이 쏟아질 타이밍임이 인지상정이라고 할 수 있기에 필자는 여기에 대해서도 필자의 견해를 상세히 서술하고자 한다. 우선 문민통제가 현대 선진국에서 보편화된 이유가 무엇인가? 그것은 군대라는 조직이 철저하게 폐쇄적이고 상명하복에 기반한 위계질서를 바탕으로 할 수밖에 없기 때문이며 또한 무력이라는 본질적 권력의 근간을 쥐고 있는 조직이기도 하기에 이러한 무력적 요소를 철저히 국가 안보에 귀속시키는 조치가 필수적이기 때문이다. 이러한 문민통제가 제대로 이루어지지 않는다면 민중은 "총부리에서 나오는 권력"에 지배당하게 된다는 것을 동서고금을 막론하고 역사가 증명하고 있지 않은가. 그리고 실제로 이번 12.3 내란이 성공했다면 대한민국 사회는 또다시 총부리에서 나오는 권력에 의해 압제당하는 사회로 전락할 뻔하였다. 비록 "계엄군은 결국 이렇다 할 민간인과의 충돌을 자제한 채 태업으로 일관하다 물러났으니 이는 문민통제가 아니냐?"라고 반박하는 혹자가 있을 수 있지만, 이토록 자유민주주의 헌정질서가 무력에 의해, 총부리에 의해 침탈되느냐 아니냐의 위기를 겪어야 하는 사회가 그저 "최소한의 태업 행위"가 이뤄졌다는 이유만으로 문민통제가 지극히 잘 이뤄지는 군대와 사회라고 규정될 수는 결단코 없으며 그렇게 규정되는 것을 필자는 강력히 반대하는 바이다. 그렇다면 문민정부 당시 하나회 척결도 있었고, 분명 철저히 군사 독재의 잔재가 청산된 것처럼 보였던 한국군은 도대체 무슨 이유로 문민통제의 미흡함을 노출할 수밖에 없었던 것인가? 필자는 그 원인을 미비했던 국방부 문민화에서 지적하고자 한다.

국방부 문민화. 이것은 현대 각국의 군대 및 준군사조직의 문민통제를 평가하는 기준에 있어 대단히 중요한 요소이자 척도이며 국방부 문민화가 제대로 이루어지지 않은 군대는 문민통제가 완벽히 작동되는 군대라고 볼 수 없다. 그 이유는 군 통수권자인 국가원수가 "군대와 국방에만 신경 쓸 수가 없다"라는 당연한 진리에서 기인한다. 문민통제의 1차 기본은 당연히 문민인 국가원수가 군 통수권자를 맡는 것이고, 이는 군이 현대라는 전제를 붙이지 않아도 동서고금을 막론하고 예로부터 역사적으로 견지되어 오던 원칙이었다. 그렇다면 '현대' 군 조직의 문민화를 평가하는 가장 중요한 요소인 2차 심화 단계는 무엇인가? 바로 국방부와 그 장관에 문민 인사가 임용되는 것이다. 당연하게도 군 통수권을 가진 국가원수는 국가원수이기 때문에 국가와 국민을 위한 전체 직무를 매우 폭넓게 수행해야만 하고 또한 책임져야만 한다. 국방, 안보 업무에만 치중할 수가 절대로 없다. 따라서 국가원수는 그 통수권을 가지고 있으면서도 국방, 안보 업무에'만' 치중할 수 있는 인사를 임명해야만 하고 그러한 인사는 바로 국방부 장관이다. 특히나 국가 안보의 안정을 단순한 수치상의 국방력을 올리는 것만으로 재단할 수 없으며 여러 실질적 영향을 미치는 요소들을 점검하고 분석하여 정책을 입안, 실행해야 하는 현대 국방의 특성상 국방부 장관이 군 조직에 끼치는 '실질적' 영향력은 가면 갈수록 현저히 증가하고 있으므로, 국방부 문민화가 이뤄진 군대여야만 비로소 그 문민통제는 명목상에 그치는 것이 아니라 실질적으로 완벽히 궤도에 오르게 된다고 볼 수가 있다. 문제는 한국군의 경우 국방부 장관에 문민 인사가 임명된 적이 사실상 부재할 정도로 국방부 문민화에 대한 진척이 전혀 없는 군대에 속한다는 점에서 기인한다. 민주화 이전에도, 이후에도 국방부 장관은 언제나 현역 장성, 특히 육군 장성급 장교들이 군복 벗자마자 바로 임명되는 자리였으며 현재에도 그러하다. 명목상으로나 민간인일 뿐 사실상 현역 장성급 장교의 연장선상에 자리한 인물들이 꾸준히 국방부 장관에 재임해 왔다는 현실은 한국군 내부 곳곳에 세세하고 실질적으로 문민화의 힘과 민간 사회의 힘이 미치지 못하게 하는 장애물로 기능하였으며 이는 민주화 이후로도 지금까지 근본적으로 해결되지 못하고 있는 한국군의 오만 가지 부조리와 비리 실상만 열거해 분석해 보더라도 충분히 인지할 수가 있는 대목이다. 그리고 문민의 힘이 제대로 미치지 못하는 상태에서 한국군이 기존 군사정부 시절부터 가지고 있던 민간 사회와의 폐쇄, 단절성 문제는 해결될 가능성이 절대로 없다고 봐야 하니 국방부 문민화를 이룩하지 못한 것이 왜 문민통제의 미흡으로까지 이어지고 있는지를 필자가 위에서 서술했던 징병제의 폐해와 같이 생각해 보면 손쉽게 짐작할 수 있다. 필자는 이러한 국방부 문민화라는 당면 과제를 그저 뒤로 미루고 또 미뤄왔던 것이 결국 12.3 내란이라는 최악의 형태로 터졌다고 분석하며 완전한 국방부 문민화를 이룩하여 이를 완전한 군의 문민통제, 즉 국방을 온전히 국민과 국가에 종속시키는 것으로 연결하는 중대한 과업을 우리 군이, 우리 정치가, 우리 사회가 조속히 완수하여야만 대한민국을 수호하는 힘이 다시는 내란의 힘으로 전락하지 않도록 만들 수 있다고 확신한다.

2-4) 일부 극단주의 교회 및 종교 단체들의 정교분리 붕괴, 국민저항권 선동

참 지겹도록 이 도서에서 많이 등장하고 있는 단어, 바로 '선동'이다. 다만 이 도서를 통틀어 지금까지는 "온라인 선동"의 기법과 그 심각성을 강조하였는데 지금부터는 "오프라인, 현장 선동"의 개념과 진화하는 점에 대해서 필자의 견해를 서술해 보고자 한다.

이러한 선동이라는 개념은 비록 12.3 내란을 통하여 그 해악의 절정을 찍고야 말았지만, 그 이전부터 일부 기독교 거대 교회들의 미비한 정교분리 의식을 기반으로 하는 선동 방식은 그야말로 해를 거듭할수록 진화되어 갔으며 이 진화는 현재 그야말로 한 번 선동되면 헤어 나올 수가 없다고 평가될 정도로 그 수준의 정교함에 있어 극한에 이른 상황이 되었다. 그렇다면 어떻게 일부 기독교 교회들은 이토록 허위 사실에 근거한 선전 선동을 그야말로 확고부동하게 신도들에게 주입하고 그 선동으로 만들어진 극단적 정치사상을 깨지지 않게 관리할 수 있는 것인가? 필자는 이러한 현상의 원인을 철저히 일부 기독교 교회들의 "사이비 종교화"에서 찾고자 한다. 쉽게 말하면 사이비 종교화이고 한 단어로 축약하면 '이단'이라고 하는 이런 사이비 종교화 현상은 꽤 오랜 기간 전부터 일부 기독교 교회에서 어렵지 않게 찾아볼 수 있는 현상이었다. 문제는 이러한 '이단'에 가까운 교회들과 목사들이 제때제때 축출되지 못하고 그대로 기독교 교회 환경에 남아서 설교 시간마다 철저히 그 전부가 허위로 점철된 정치적 선전 선동을 일삼아 버린 결과 결코 무시할 수 없는 숫자의 신도들이 이에 선동되어 버렸고, 흡사 사이비 종교를 믿는 신도들처럼 그러한 허위 사실과 극단적 정치 관념에 완전히 물들어 버린 나머지 그 적잖은 사람들이 대화와 타협이 불가능한 수준의 정치 관념을 가진 사람들로 전락하여 버렸다는 것이다. 이전 문단에서 언급한 "극단주의 양성소"로 변절하고야 말아버린 교회들이 결코 한두 개 수준에서 그치지 않고 그 해악성을 결코 무시할 수 없음은 사랑제일교회의 전광훈을 수괴로 한 '이단' 기독교 세력들이 입증하고 있지 않은가? 비단 사랑제일교회만 이단 수준으로 변질되었는가? 필자의 견해를 말하자면 한 마디로 "절대 아니다." 필자는 비록 개신교 신자가 아니라고 하나, 기독교 교회에서 일상적으로 반복되어 나온다는 발언 중에서도 상당히 충격적인 발언들을 우연의 일치로 많이 들어볼 수 있었다. 지금부터 열거하는 내용은 필자가 "두 귀로 직접 듣고 한 치의 수정도 가미하지 않은 내용들"임을 유심히 상기하시라.

"미국이 세계 최고이자 최강인 이유는 성경을 대통령 선서에 쓰는 국가이기 때문이다!"

"그 예수 말고! (개신교) 교회 예수를 믿어야만 한다 이 말이야!"

> "하나님의 뜻으로 간첩들을 다~ 척결해야 한다! 민주당 저 빨갱이들을 하느님이 단죄한다!"

대강 이런 내용들을 필자는 지극히 공적 요소들이 들어가지 않는 자리인 "친척 모임"에서조차 어렵지 않게 들을 수가 있었다. 도대체 논리 없는 선동이 얼마나 전국적으로, 심대하게 퍼졌으면 이런 내용들이 21세기 민주공화국에서 빈번하게 들리고 있겠는가. 게다가 저 따옴표 사이에 열거된 내용들에 대해 공감하시는 독자분들이 분명 필자 생각에 적잖을 텐데, 그것을 생각하면 더욱 충격과 공포로 가히 뒷목을 잡고 쓰러질 수준이 아닐 수가 없다. 그야말로 일부 기독교 교회들의 선동과 날조를 바탕으로 하는 종교적 극단주의가 전국에 세대와 성별을 불문하고 해당 교회의 신도들이라면 그 누구도 부정할 수 없도록 쫙 깔려버린 것이다. 필자가 이토록 반복적으로 열거하여 지적하는 것에서 알 수 있듯이 이러한 일부 교회들의 사이비 종교화 실태는 이제 우리가 평소에 정말로 사이비 혹은 이단이라 칭하는 종교들과 별반 다를 것이 없는, 혹은 그 이상의 수준이 되어 있다는 것을 알 수 있다. 그렇다면 그러한 사이비 종교의 선동 및 세뇌의 특징은 무엇이 있을까? 이 부분은 그간 수많은 제도권 언론이 다큐멘터리 등등을 통해 셀 수 없이 많이 다루어 온 부분이지만 필자는 이를 조금 더 독자 여러분들의 피부에 와닿을 수 있도록 필자가 직접 보고 들은 사례를 들어서 서술하고자 한다.

우선 사이비 종교와 사이비성을 강하게 드러내는 교회들은 절대로, 절대로 "평범하게" 접근을 시도하지 않는다. 절대다수에게 자신들의 "평범한" 전도 행위가 먹히지 않는다는 것을 그들은 매우 잘 알고 있기 때문이다. 그렇기에 정말로 종교인이 아닌 듯 철저히 자신들의 정체를 감추고 접근하는 것이 첫 번째 단계이다. 이 단계를 어느 정도로 교묘하게, 또한 눈치를 못 채도록 진행하는지 예를 하나 들어 설명해 보자면, 생활고에 시달리는 자영업자를 포섭하기 위해서 영업 실적 부진을 교회 신도들의 물량을 이용하여 간단히 만회시켜 버리고 이것을 하나님의 은덕 비슷하게 엮어 버리는 식이다. 자신이 교회와 종교를 믿던 안 믿던 실제로 "교회로 인한 덕"을 봤으니 이러한 현상에 주목하지 않을 수가 없는 상황이 되어 버린다. 끝까지 자신이 교회를 가지 않는다면 "교회로 인한 덕"이 끊겨서 다시 자신의 생활이 어려워지는 결말을 맞이하게 될 뿐이니까 말이다. 이러한 부분까지 그들은 철저히 조사하고 분석하며 염두에 두고 포섭을 진행한다. 그런 식으로 사람을 교회에 끌어들이고 새로운 신도를 만드는데 성공하였다면 다음 단계는 설교이다. 이 설교 단계에서 결국 꾸준히 교회를 나오는 게 당연해진 신도들에게 지속적인 허위사실에 기반한 정치 선동을 주입하는 방식이다. 보통 일반적인 교회라면 필자가 위에 서술한 저런 방식으로 신도들을 끌어모은다 한들 이 설교 단계에서 정치적인 이야기를 꺼내지 않는다. 일부 교회들은 이 설교의 효과를 극대화하기 위해 예배 중 예배당 문을 걸어 잠가 버린다던가, 휴대전화를 절대 꺼내지 못하게 한다던가, 설교 중 갑자기 큰 소리를 지르거나 욕설까지 동반해 가면서 신도들을 분위기로 위압하는 방식까지 치밀하게 이용한다고 한다. 필자는 이러한 소문을 전해 들었을 당시 “사이비 종교 사람들은 무슨 괴벨스에게 지옥에서 사람을 선동하는 법만 배워 온 사람들인가?” 라는 생각을 자연스레 할 수밖에 없을 정도로 큰 충격을 받았으며, 실제로 그 수법이 선동과 세뇌에 성공적으로 작용했다는 것은 현재 대한민국에서 그야말로 실시간으로 증명되고 있다. 이러한 “극단주의 양성”의 성공은 자연스레 한국 사회의 정교분리 의식의 미흡으로 이어졌으며 그 결과물이 바로 12.3 내란을 지지하고 서울서부지방법원 폭동 사태를 주도하기까지 한 극단주의 정치 세력들의 준동이라고 할 수 있는 것이다. 게다가 이러한 거대 종교 세력들은 필자가 이전 문단에서 강조하여 서술해 온 우파 유튜버, 극단주의적 논조를 가진 언론과의 교류를 통하여 신도들에게 한 차원 더 심대한 영향력을 행사하고 있다. 한마디로 말하자면 신도들에게 “이 유튜버가 옳은 말을 하고, 이 언론이 옳은 말을 한다. 나머지는 전부 간첩들이다” 라고 하는 방식이다. 결국 그런 방식으로 자신들이 원하는 영상과 기사의 조회수를 올려주고, 좋아요 이모티콘의 수를 올려주고, 댓글의 수를 올려주다 보면 그러한 영상과 기사들이 사실에 기반한 내용을 다루는지는 둘째치고 양적으로 무지막지하게 많이 노출되게 되므로 쉽게 선동당하는 사람들을 많이 만드는 데에 한층 더 유리해지는 것은 당연한 현상인바, 참으로 치밀한 온라인-오프라인 공조 작전이 아닐 수 없다. 그리고 우리 모두 이런 치밀한 선전 선동 기법들이 우리 눈에 잘 띄지 않는 곳곳에서 이루어지고 있었다는 사실을 제대로 인지하지 못하고, 사전에 차단하지 못한 것이 한국의 자유민주주의 헌정질서를 수호해야 한다는 측면에서 대단히 큰 실책이었던 셈이다.

그렇다면 왜 우리 사회는 일부 사이비성 짙은 교회들의 치밀한 선전 선동을 몰랐거나, 혹은 알고도 제지하지 못했을까? 그것은 필자가 상술한 수많은 원인이 전부 겹쳐버린 결과이다. 한국 사회에 뿌리 깊은 권위주의부터 시작해서 민주주의 제도의 수준에 비해 없는 수준의 민주시민교육, 부실하기 짝이 없는 문민통제와 변하지 않는 징병제, 그리고 군 내 부조리 실황, 쉴 시간은커녕 숨 돌릴 틈조차 없을 정도로 너무나 바빠서 정보를 검증할 수가 없는 현대 한국인들의 바쁜 삶이라는 문제까지 전부 칡넝쿨처럼 줄줄이 엮인 채 세월이 흘러 갑절로 불어나 버린 나머지 이러한 극단주의적 선동이 퍼지고 사람들이 점차 이에 경도되는 현상을 도저히 빠르게 눈치채고 대응할 수 없었으며 늦게나마 눈치를 챘다 한들 해결하기에는 너무나 어려운 문제들이 이미 백두산 높이에 필적할 수준으로 쌓여버린 수준이 되어 버렸다. 그나마도 내란 세력이 12.3 비상계엄으로 그 본색을 전부 드러내어 주었고 또한 내란의 실패라는 거대한 실책을 범해준 덕에 이미 백두산 높이처럼 쌓여버린 문제들을 모두가 알아차릴 수 있었다. 이번 내란 사태로써 우리는 "인지하지 못하던 문제들을 이제 인식한 단계에 도달한 것"이라고 필자는 확신한다.

3

내란의 힘이 확산하지 못하게 하는 방법은 무엇이 존재하는가?

3-1) 87년 체제의 종결 및 제7공화국으로의 개헌
3-2) 심각한 교조주의 및 진영 논리, 보수주의에 대한 고찰
3-3) 청년/청소년의 "실질적" 정치 참여 확대
3-4) 유튜브 등 매체를 이용한 조직적 허위사실 유포, 선동을 뿌리뽑는 정책의 실행

3

내란의 힘이 확산하지 못하게 하는 방법은 무엇이 존재하는가?

3-1) 87년 체제의 종결 및 제7공화국으로의 개헌

대한민국의 현행 헌법은 1987년 개정되었고, 40년에 가까운 세월 동안 대한민국의 민주주의를 실질적으로 지탱하는 역할을 충실히 수행해 왔다. 그러나 제6공화국 체제와 제9차 개정 헌법은 태생적으로 대통령의 "직선제 선출"과 임기만을 확고히 제한하였을 뿐 대통령에게 지나치게 편중된 형태의 권한을 부여하고 있다는 본질적 한계를 끝내 극복하지 못하고 있었으며 결국 12.3 내란을 기점으로 이전부터 제기되고 또한 지적받아 오던 현행 헌법의 문제들이 정확히 그 지적대로 한 번에 터져 버렸기 때문에, 10차 개헌과 제7공화국에 대한 논의는 현재 대한민국에서 그야말로 가장 뜨거운 화두가 될 수밖에 없고 되어야 함이 마땅하다 할 것이다.

필자는 이번 10차 개헌에는 어떤 방향성이 존재하고 어떤 방안들이 제시되고 있으며 각 방안이 가지는 장단점이 무엇인지 필자의 견해를 상세히 서술하되, 필자가 생각하는 개헌의 이상향과 제7공화국의 올바른 방향성은 무엇인지 주관적인 견해 역시 가능한 한 많이 다루어 보고자 한다. 동시에 이번 10차 개헌이 비단 정치적 제도의 변화에 국한되지 않고 더욱 폭넓은 민생의 전환점이자 민주시민 육성의 시발점으로 기능하게 하려면 개헌 과정에서 어떠한 담론을 가지고 어떠한 다각적인 주제들을 핵심적으로 논의해야 하는지 역시 다루려고 한다. 아울러 이 책이 다루고 있는 가장 본질적인 주제인 "내란의 힘"을 10차 개헌으로 제7공화국 체제를 건설함으로써 항구히 막아야 할 필요성이 다분해진바, 내란의 힘을 막기 위한 개헌 방향성에 대해서도 필자의 오랜 생각을 글로 옮겨보고자 한다.

첫 번째 키워드: 대통령 중심제, 4년 중임제, 대통령 권한 축소

필자가 개헌에 관하여 이 책에서 언급하고자 하는 3가지 키워드는 그야말로 10차 개헌과 제7공화국의 대표 화두들이라고 할 수 있는데, 작게는 대통령 중심제 하 대통령 권한 축소부터 크게는 국가원수와 행정부 수반의 분리 내지는 국회 다수당을 중심으로 하는 내각 형성에 이르기까지 그야말로 갑론을박이 끊이지 않고 앞으로도 한동안 끊이지 않을 개헌 방안들이라고 할 수 있다. 물론 이렇게 다양한 방안들을 왈가왈부하고 있다 한들 단 한 가지, "대통령의 막대한 권한을 이대로 놔두어서는 안 된다"라는 관념은 현재 공통적이고 고정적이며 틀림없는 사실이라고 못 박을 수 있는바, 이번 장에서는 필연적으로 현행 대통령 중심제에서는 벗어난 형태로 대통령의 권한이 소폭 혹은 대폭 축소되어야 한다는 대전제를 수립하고, 이번 3-1) 내내 대통령 권한 축소에 대해서는 확고히 일관된 논조로 10차 개헌에 대한 필자의 견해를 서술할 것이다.

우선 대통령 권한 축소를 논하기에 앞서 현행 헌법의 대통령 편중에 대한 문제점부터 자세히 짚고 넘어갈 필요성이 있는데, 물론 필자는 2-1)에서 개략적으로 현행 헌법, 현행 대통령제의 구조적 하자에 대하여 개략적으로 서술하였다. 그러나 개헌이라는 중대한 체제 변혁을 다루는 데 있어 겨우 그 정도의 서술로는 부족하다는 것은 충분히 인지하고 있는지라 더욱 자세하게, 심층적으로 현행 헌법의 입법, 사법, 행정에 관한 부분과 제7공화국의 정치 체제 변화 등등의 주제를 자세히 꺼내면서 글을 이어나가고자 한다. 우선 대통령제의 큰 틀은 유지하는 것으로 개헌 방향성의 가닥을 잡는다고 전제한다면, 첫 번째로 필자가 주장하는 것은 바로 4년 중임제로의 개헌이다. 현행 헌법은 대통령의 5년 단임제를 규정하고 있는데 이는 철저히 연임이 독재의 전철로 확대되었던 과거의 역사를 반복하지 않으려는 시도에서 탄생한 결과물로써 당시 기준 지극히 합당한 제도였으나, 시간이 지나면서 되려 단임제라는 고유의 특성으로 인해 한 번 뽑아 놓은 이후는 퇴임할 때까지 대통령에 대한 직접적 심판을 국민이 선거로 할 수 없다는 치명적인 한계가 제기되기 시작했으며 이는 이 책을 읽으시는 독자 여러분도 공감하고 계시리라 필자는 생각한다. 한 번 대통령을 선출하면 그 대통령과 정부에 대한 심판은 오로지 전국동시지방선거와 국회의원 선거라는 간접적인 방법으로 진행될 수밖에 없으며, 그마저도 대통령이 당선되고 얼마 지나지 않은 소위 "허니문" 기간에 지선이나 총선이 치러지게 된다면 사실상 임기 5년 동안 국민이 정부를 선거로 심판할 수 없게 되어 버린다는 점에서 큰 문제를 그간 노출하고 있었다. 그러한 측면에서 4년 중임제로의 개헌은 이러한 문제를 개선할 수 있는 상당히 효과적인 방안이라고 할 수 있다. 물론 "대통령 중심제" 자체가 본질적 한계를 12.3 내란을 기점으로 전부 드러냈음은 부정할 수 없겠으나 대통령제의 큰 틀을 유지한다는 전제로 개헌이 진행된다면, 그 답은 무조건 4년 중임제라는 모범 답안을 향해야 한다는 것을 필자는 강조하는 바이다. 4년 중임제는 국민 전반의 민심과 신뢰를 굳건히 얻는 대통령과 정부를 최대 8년간 유지되게 하여 국정의 기초 방향성을 관철하게 할 수 있음과 동시에 국민의 신임을 얻지 못하는 정권에 대한 심판을 "선거"라는, 국민의 가장 강력한 힘으로 가능케 할 수 있다는 장점을 동시에 창출하고 또한 중임제의 특성상 자연스레 "재선에서 당선되지 못한" 대통령을 더욱 냉정하게 평가할 수 있는 기준이 된다. 대통령에 대한 국정평가라는 측면에서 분석할 때, 유능한 대통령의 임기는 8년일 것이고 무능한 대통령의 임기는 4년일 것이며(물론 예외가 있을 수 있지만 전반적으로 민심을 크게 배반하지 않는다면 중임제에서 대통령은 재선되는 경우가 많다) 임기의 차이라는 형태로 해당 대통령과 정부의 국정평가에 확실하게 차등을 둘 수 있는 기준이 형성되는 효과가 생기는 것이다. 국민의 선택을 받을 수만 있다면 최대 8년이라는 임기를 확보할 수 있다는 이점으로 인해 한층 여유 있게 국정 과제를 구상, 추진할 수 있다는 장점은 덤이다. 비록 연임을 독재의 전철로 삼아왔던 자들이 다시 나타나는 것을 사전에 방지하고자 5년 단임제가 제정, 시행되었으나 박근혜-최순실 게이트와 기무사 계엄 문건, 그리고 12.3 내란에 이르기까지 지난 10년간 한국에 벌어진 정치적 비극들은 5년 단임제가 내란의 힘을 원초적으로 막을 수 없다는 것을, 단임제의 확립으로도 독재의 꿈을 꾸는 사람들을 막기 어려운 시대가 왔다는 것을 여실히 보여주고 있다. 이제는 대통령의 임기를 제한하는 것만이 아닌, 더욱 본질적인 해결책을 위한 발상의 전환이 절실히 필요할 때가 왔다는 것이 필자의 오랜 생각이다. 4년 중임제에 이어서 대통령 권한의 문제에 관하여, 헌법에 규정되어 있고 규정되어 있지 않은 부분이 무엇인지 자세히 분석하여 서술하고자 한다. (대통령 중심제의 본질적 한계 노출이라는 근본적 문제에 대한 세부적 서술은 뒤에 의원 내각제와 이원집정부제에 대해 논하면서 다루어 보도록 하겠다) 필자가 느끼기에 세부적으로 심각한 문제가 바로 국무회의에 대한 명확한 규정이 부재하다는 것으로, 사실상 국무회의를 유명무실화하고 대통령이 독단으로 모든 것을 처리할 수 있는 구조라는 점에서 큰 문제가 된다. 비록 헌법재판소가 윤석열을 파면하면서 "장관, 즉 국무위원들이 문건에 부서하지 않은 국무회의 안건은 실질적으로 심의를 거친 안건이라고 볼 수 없으며, 따라서 비상 계엄령은 국무회의의 심의를 거치지 않았다"라고 못을 박긴 하였지만, 국무위원의 정족수, 국무회의 개회의 요건, 국무회의 심의의 대상, 국무위원 부서에 관한 규정 등이 모두 헌법에 '구체적으로' 명시되지 않은 상황으로써 정부 "전체"가 대통령 단 1명과 너무 쉽게 동일시된다는 본질적 한계를 노출하고 있는 원인이 바로 여기라고 필자는 판단한다. 물론 대통령은 국가 원수인 동시에 행정부 수반으로써 모든 정책의 결과를 오롯이 책임지고 모든 정부 안건을 최종적으로 결재하는 자리임이 사실이나 대통령이 국무회의를 무시하고 혼자서 안건을 처리하는 것이 가능하다는 걸 12.3 내란은 보여줬고, 국무회의를 유명무실하며 존재의 의의가 없는 수준의 절차로 변질시킬 수 있다는 것을 보여줬다. 이는 대통령을 견제할 사람이 적어도 현행 헌법이 규정하는 국무위원 중에서는 없다는 것이나 마찬가지다. 대통령이 가지는 명목상, 실질적 권한은 실로 막대한 것이 현실이므로 당연히 정부 내에서든 정부 밖 입법/사법의 영역에서든 다각적인 견제가 이뤄져야 함이 마땅하며, 이 중 "정부 내에서의 견제"는 국무회의의 개회 요건, 국무회의의 심의 대상, 국무위원의 자격 및 정족수 등등을 10차 개헌을 통해 더욱 세밀하게 규정하고 성문화해야만 비로소 가능하게 될 것이다. 아울러 필자가 같이 언급하고자 하는 것이 장관 인선 및 임명권에 관한 부분인데, 대통령 단 1명의 의지로써 너무 쉽게 국회의 인사청문회를 무력화할 수 있다는 문제점이 최근 현실상 매우 크게 느껴지고 있다. 더욱 심각한 부분은 대법관과 헌법재판관의 임명에 대한 문제로써, 사실상 대통령이 "임명권을 행사하지 않기만 하면" 국회의 임명 권한과 대법원의 임명 권한이 모두 봉쇄되고, 최악의 경우 대한민국 사법부의 양대 최고법원인 대법원과 헌법재판소의 기능을 대통령의 의지에 따라 정지시킬 수도 있을 정도이니 이는 대통령에 대한 권한 집중의 문제로 국한될 뿐만이 아니라 삼권분립의 가치를 근본적으로 흔들 수 있는 대단히 위험한 요소에 해당한다고 볼 수 있다. 이 역시 헌법에 대통령의 임명 관련 권한과 그 제한이 구체적으로 명문화되지 않았기 때문에 발생하는 문제점들이라고 필자는 판단하고 있는바, 제7공화국의 10차 개정 헌법에서는 반드시 명문화되어 완벽히 수정되어야 하는 부분이라고 필자는 단언한다. 그 선례는 놀랍게도 제2공화국의 시작과 함께 1960년 6월 15일 공포된 제3차 개헌 당시부터 등장하는데, 헌법 제83조의4 내용 중에는 "헌법재판소의 심판관은 9인으로 하며, 심판관은 대통령, 대법원, 참의원이 각 3인식 선임한다."라는 내용이 적시되어 있기 때문이다. 여기서 중요한 점은 현행 헌법과 다르게 대통령, 참의원(국회), 대법원이 3인씩 "선임한다"라고 되어 있을 뿐 재판관은 대통령이 "임명한다"라고 되어 있지 않다는 점에 있다. 재판관의 임명이 오로지 대통령의 권한으로 규정되어 있다는 한계점으로 인해 이번 윤석열 파면 심판은 시작부터 상당한 진통을 겪을 수밖에 없었으며 대통령 권한대행의 재판관 임명에 국가의 안위를 결정할 중대한 탄핵 심판의 진행 여부를 맡길 수밖에 없었고, 탄핵 심판 결정이 하루하루 미뤄질수록 심판 진행이 임기 만료로 인해 막히는 것이 아니냐는 불안에 전 국민이 시달려야 했다. 비록 현행 헌법에도 3인은 국회에서 선출하는 자를, 3인은 대법원장이 지명하는 자를 임명한다고 적시는 되어 있지만 결국 형식적인 절차일 뿐이라고 한들 "임명권"이 대통령에게 묶여 있는 이상 헌법재판소라는 사법부의 정점이자 최고재판소의 업무를 대통령 단 한 명이 마비시킬 수 있는 구조가 아니겠는가? 대통령의 권한 축소라는 측면에서 대통령의 인사권, 임명권은 가장 대표적인 대통령의 권한에 해당하므로 대통령 견제 확대라는 명분에도 완벽히 부합하는 것이다. 이어서 임명권 외 대통령의 대표 권한인 거부권에 대하여도 필자의 견해를 말해보자면, 필자는 개헌 정족수와 법률안 재의결 정족수를 똑같이 200석으로 규정한 현행 헌법상 지나치게 행정부의 국회 견제에 유리하고 국회의 정부 견제가 불리한 제도가 만들어져 삼권의 견제가 불균형하게 전개되고 있다고 보기 때문에 개헌 정족수와 법률안

재의결의 정족수가 같아서는 안 되며 이를 개헌으로 해결해야 한다고 지적한다. 현재 대통령이 법률안에 대한 재의를 요구하면(이를 통상적으로 거부권이라고 하지만 윤석열 정부는 이 '거부권'이라는 용어에도 태클을 건 전적이 있기는 하다) 국회 본회의에서 무려 300석 기준 200석 이상의 찬성표를 얻어야만 거부권 무력화가 가능하고, 대한민국 헌정사에서 야당, 혹은 야권이 200석 이상을 차지한 전례는 없었으며 앞으로도 나오기 매우 어렵기 때문에 대통령이 거부권이라는 손쉬운 수단으로 국회를 간단히 무력화할 수 있다는 문제점이 대두되고 있는 현실이다. 실제로 윤석열 정부는 민주화 이래 독보적으로 많은 횟수의 거부권을 시전하며 국회의 입법권을 비교적 어렵지 않게 무력화할 수 있었고, 자신에게 불리한 법안이 시행되는 걸 손쉽게 봉쇄할 수 있었다. 사실상 삼권분립 체제의 균형을 깨뜨리고 정부를 국회 위로 두려고 했던 셈인데, 문제는 이러한 시도를 현행 헌법과 법률로는 전혀 막을 수 없었다는 점이다. 대통령의 거부권은 그 제한도 '법률안의 일부만 거부할 수는 없다' 외에는 그 제한이 딱히 명시되어 있지 않은데다가 국회가 그걸 뚫으려면 무려 개헌과 동일한 수준의 장벽을 돌파해야만 하니 이는 입법부인 국회에 대단히 불리하고 대통령과 정부에 대단히 유리하게 작용한다고 볼 수밖에 없는 바, 필자는 10차 개헌과 함께 대통령의 법률안 거부권으로 인해 국회로 되돌아온 법률안을 재의결할 때의 가결 정족수를 200석에서 180석으로 줄이는 방안을 제안한다. 거부권에 대한 문제와 그 개선 방안을 논함에 있어 법률안 거부권의 횟수를 제한하자거나 거부권을 없애자거나 하는 의견도 있다. 그렇지만 필자는 애당초 일개 '법률'안 재의결이 '개헌'안 가결이라는 엄중한 절차와 동일한 정족수를 요구한다는 것 자체가 국회가 정부를 견제하는 데에 있어 매우 불리한 구조를 만든다고 해석하는바, 법률안 재의결에 필요한 가결 정족수를 180석으로 줄여서 법률안 가결 150석 이상 찬성으로 가결 -〉 재의 요구 시 180석 이상 찬성으로 가결 -〉 개헌안 기준 200석 이상 찬성으로 가결이라는 확실한 체계를 확립함이 가장 이상적이라고 보는 것이다. 180석이라면 설령 거대 여당 혹은 야당이 탄생한다 한들 쉽사리 범접하지는 못할 의석이다. 단지 22대 총선에서는 윤석열 정부와 국민의힘의 민심 배반 행위들이 거듭되면서 헌정사상 전례가 없는 수준의 결과가 만들어졌을 뿐이다. 혹자는 이렇게 말한다. 거부권 발동 시 재의결 정족수를 줄이면 반대로 대통령의 법률안 거부권이 사실상 무력화될 수 있지 않느냐고. 그리고 이러한 의문에 필자는 이렇게 대답한다. 야당과 야권에 그 정도로 많은 의석을 넘겨주었다면 그건 정부와 여당의 책임이지 국회의 권한 남용으로 볼 수 없는 문제라고. 대통령과 정부와 여당이 잘못된 길로 가고 있음을 민심이 준엄하게 판단하여 선거에서 보여준 것일 뿐이라고. 이제는 정부 제일주의의 잔재를 우리 모두 벗어야 할 때가 온 것이라고.

두 번째 키워드: 의원 내각제, 이원집정부제

10차 개헌과 제7공화국 체제 건설이라는 큰 틀은 현재 사실상 전 국민의 공감대를 이끌고 있음이 사실이나, 제7공화국이 대통령 권한이 축소된 대통령제로 가야 할지, 의원 내각제라는 새로운 지평을 열어야 할지, 각 제도의 장점을 고루 취합한 이원집정부제로 나아가야 할지는 현재 매우 치열한 갑론을박이 이어지는 상태라고 정의할 수 있다. 그렇다면 의원 내각제와 이원집정부제라는 개념은 무엇이고, 어떤 장단점을 가지고 있으며, 중장기적으로 한국 사회의 진보를 위해서 어떤 방향성을 택해야 한다고 필자가 생각하는지 까지 서술해 보고자 한다.

우선 대다수의 민주주의 국가가 보편적으로 시행하고 있는 의원 내각제부터 다루어 보자면, 기본적으로 다수당의 당수가 총리가 되어 국가를 이끌어가는 방식이므로 입헌군주제 아래에서 형식적 국가원수를 두는 나라들이 많이 채택하고 있는 제도이다. 물론 민주공화국으로써 의원 내각제를 채택하고 있는 민주주의 국가 역시 많이 존재한다. 대표적인 국가로는 독일이 있다. 의원 내각제는 다수당이 내각이라는 형태의 행정부를 이끌어 간다는 특성상 입법부와 행정부의 갈등, 반목 문제를 상대적으로 덜 겪어도 된다는 효과가 있다. 야당이 곧 다수당이 아니라는 것이고 야당에서 행정부 수반이 나올 수 없는 제도이니 말이다. 그리고 각 부처의 장관은 의원으로써 선출될 것을 요구하니 정부 각료의 민주적 정당성 또한 자연히 확보된다는 장점이 있다. 그러나 동시에 본질적으로 국정 자체가 철저히 여당 중심으로 돌아갈 수밖에 없다는 단점이 존재하기도 하며, 내각 불신임과 의회 해산이 반복되며 정국에 대혼란을 초래할 여지 또한 있는 양날의 검과 같은 제도가 바로 의원 내각제라고 할 수 있다. 조금 더 자세히 내각제의 특성을 분석해 보자면, 우선 "각 정당이 민주적 질서에 따라 돌아가는 것이 대단히 중요한" 제도라고 할 수 있다. 의원 내각제는 그 특성상 의회를 구성하는 단 한 개의 원내 정당이라도 민주적으로 굴러가지 않는다면, 그리고 그런 비민주적인 구조로 돌아가는 정당이 내각제 의회에서 다수당이 되어 버린다면, 의회뿐만 아니라 행정부 수반마저 단지 비민주적인 정당의 권력을 비민주적으로 꿰찬 당수에게 자동으로 주어지게 되니 민주주의의 본질이 서서히 와해 될 수도 있다는 불안정성을 내포하고 있기 때문이다. 이러한 내각제의 맹점을 이용하여 독재적 정권이 들어서고 민주주의가 명목상에 그쳐 버린 경우로는 싱가포르의 리콴유-리셴룽 세습 체제가 대표적으로 거론된다. 말 그대로 민주적이라는 "명분"만 챙긴, 반면교사로 삼아야 할 경우라고 할 수 있다. 그러나 총선에서의 결과가 마냥 단일한 한 정당에 유리하게 나온다는 보장은 없으며 실제로 내각제 국가에서는 연정이라는 형태가 매우 자주 보인다. 당장 옆 나라 일본만 하더라도 자민당-공명당 연립 여당이라는 형태를 보여주고 있기도 한데, 이러한 경우라면 오히려 다양한 정당의 의사가 국정에 실질적으로 반영될 확률을 높이기도 한다. 여러모로 그 장단점이 장점 쪽에서도 단점 쪽에서도 확연히 드러나는 제도라고 필자는 분석하고 있다. 현재 한국이 개혁해야 하는 요소가 무엇인지, 고려해야 하는 불안정성이 무엇인지 당연히 다각적으로 면밀히 검토하여 내각제를 논해야 하겠으나 현재 그 어느 여론 조사에서도 한국 국민이 내각제에 대하여 호의적으로 생각한다는 결과가 나오지 않고 있다고 한다. 하지만 대통령제의 한계와 총체적인 제도의 개혁이 필수 불가결한 현실로 다가오는 상황에서 의원 내각제로의 개헌 역시 우리가 제7공화국을 논함에 있어 반드시 고려해야 할 개헌안이라는 것은 명백한 사실이다.

다음으로 이원집정부제에 대하여 자세히 다루어 보고자 한다. 크게는 대통령 중심제와 의원 내각제의 절충형이라고 볼 수 있고, 작게는 대통령제와 내각제의 중간 개선형이라고도 볼 수 있는 개념이다. 그렇다면 이원집정부제는 대통령제의 무엇을 개선할 수 있고 내각제의 무엇을 개선할 수 있으며 또한 대통령제, 내각제에 비해 어떤 단점들이 있는지 서술해 보고자 한다.

이원집정부제는 대통령제와 내각제의 절충안이라는 특성상, 대통령제에 가까운 형태와 내각제에 가까운 형태가 혼재되어 있으며, 거의 정확히 그 둘의 중앙에서 방향성을 확립하는 경우 또한 존재한다. 대표적인 이원집정부제 채택 국가로는 프랑스가 있다.

그렇다면 이원집정부제의 자세한 특징은 무엇이고, 어떠한 장단점을 가지고 있을까? 우선 대통령은 의회로부터 독립되어 있는 형태이지만, 모든 내각 관료 임명에 있어 의회의 동의가 무조건 있어야 한다. 따라서 “야당일지언정 다수당이기만 하면” 정부를 사실상 묻어 버리고 야당의 주도로 국정을 이끌고 갈 수 있다는 독특한 특징이 있는 것인데, 내각제와 같이 대통령의 의회 해산권과 의회의 내각 불신임권이 보장된다는 특징 역시 포함되어 있다. 이는 여대야소일 경우 대통령에게, 여소야대일 경우 다수당인 야당과 총리에게 강력한 힘과 권한을 실어주어 여소야대 상황에도 국정 마비 상황을 최소화할 수 있는 특장점이 있다. 그러나 이원집정부제는 본질적으로 내각제와 동일하지는 않아서 대통령과 의회 다수당의 정파가 다를 경우 꽤 복잡한 정치적 혼란상이 발생할 가능성이 높아진다는 단점 또한 존재한다. 물론 이러한 문제는 대통령 선거와 국회의원 선거를 동일한 시기에 같이 치르게 하면 해결할 수 있으며 실제로 프랑스의 경우 법을 고쳐서 대통령과 총리의 정파를 최대한 맞추려는 형태의 제도를 시행하고 있다고 한다. 오스트리아의 경우는 명목상 이원집정부제를 시행 중이나 대통령과 총리의 권한이 명확히 구분되어 있어 프랑스식에 비해 내각제적 요소가 강한 이원집정부제로 분류되며, 핀란드 역시 큰 틀에서 오스트리아와 같은 제도를 시행하고 있다. 이러한 내각제에 가까운 이원집정부제 국가에서는 대체로 대통령의 권한이 축소되어 총리에게 힘을 실어주는 의원 내각제 정치 구도로 일원화되는 경우가 많다고 한다. 물론 반대로 행정적 효율 추구 등의 목적으로 대통령의 권한이 강화되어 대통령제에 가까운 방향성으로 수렴되는 경우도 존재하는데, 대표적으로 중화민국(대만)과 앞서 언급한 프랑스가 대표적이라 할 수 있다. 또한 동거정부, 즉 대통령과 총리의 정파가 반대인 역사가 그렇지 않은 역사보다 길 정도로 이원집정부제의 특징이 극한으로 나타나는 폴란드, 루마니아의 경우 역시 이원집정부제를 분석하는 데에 있어 참고할 만하다고 볼 수 있다. 현재 한국에서는 의원 내각제에 대한 이해도 및 선호도가 대통령제보다 낮고, 그러면서도 대통령 중심제의 한계와 지나치게 대통령에게로 집중된 권한 문제를 제7공화국에서는 반드시 해결해야 한다는 여론 역시 높기에 프랑스식에 가까운 이원집정부제 개헌안은 10차 개헌을 논하는 데에 있어 가장 자주 등장하는 방안 중 하나이다. 그러나 이원집정부제는 21세기에 접어들면서 특유의 "어정쩡한", 즉 대통령제와 내각제 중 어느 한쪽의 장점도 온전하게 취할 수 없다는 단점이 대두되는 경우가 잦아지면서 이원집정부제를 채택하던 각국이 대통령제나 내각제 한쪽으로 방향성을 조금 더 이동시키려는 움직임을 가져가는 추세인바, 앞으로 반드시 10차 개헌을 논하게 될 한국 정치 역시 이러한 단점을 주목하지 않고 그저 "대통령 직선제와 의원 내각제의 장점을 다 갖는다"는 한 가지에 매몰되어 이원집정부제를 논하여서는 안 될 것이며 또한 "어느 한쪽의 장점도 온전히 취할 수가 없다" 하나에 매몰되어 이원집정부제를 아예 배제하여서도 아니 될 것이다.

세 번째 키워드: 대통령 권한대행, 헌법기관 확충, 수도 이전/이원화

필자는 사실 이 책을 작성하면서, 대통령의 권한을 축소하고 국회의 권한을 확대하여 대통령과 행정부에 집중된 권한을 올바르게 분산시켜야 한다는 큰 틀에서의 공감대만을 가지고 있을 뿐, 10차 개헌이 총체적으로 어떤 방향성을 가지고 어떤 제도를 택해야 하는지는 여전히 확실한 입장을 정하지 못하였고 따라서 각 제도의 장단점과 "대통령 권한 축소, 대통령 견제 강화"라는 당연한 일반적 논리만을 다루었다. 그러나 "대통령 권한대행", "헌법기관 확충"과 "수도 이전/이원화에 대한 헌법 성문화" 이 3개의 키워드는 필자가 반드시 이번 10차 개헌에서 다루어져야만 한다고 확신하여 서술하는 것으로써, 왜 내란의 힘을 개헌으로 뿌리뽑기 위해서는 개헌안에 저 3개의 키워드가 반드시 포함되어야 하는지 필자의 견해를 상세히 언급하도록 하겠다.

우선 대통령 권한대행의 문제를 다루어 보자면, 현행 헌법상 대통령의 궐위 시에는 국무총리가, 국무총리 역시 궐위 상태에 놓인다면 법률이 정한 국무위원의 순서대로 대통령의 권한을 대행한다. 이번 12.3 내란으로 인하여 촉발된 대통령의 궐위도 마찬가지로 국무총리, 경제부총리가 순서대로 대통령의 권한을 대행했고 국무총리와 경제부총리가 모두 사임한 이후에는 사회부총리가 대통령 권한대행 직무를 수행했다. 그러나 국민이 직접 선출한 국가원수 직위를 '임명직'이 대행한다는 한계는 법률안 거부권부터 대법관, 헌법재판소 재판관 임명에 이르기까지 수많은 정통성 논란을 촉발했고 실제로 한덕수 권한대행 체제에서는 문형배, 이미선 재판관의 후임 재판관을 지명하려 했다가 '임명직'의 정통성 한계로 인해 미수에 그치기도 하였다. 그렇다면 대통령의 궐위로 인한 공석 상황에서 권한대행의 정통성 문제는 해결될 수 없는 것일까? 답은 "아니오"이다. 제2공화국의 제3차 개정 헌법은 제52조에 대통령 권한대행의 순서를 다음과 같이 규정하였다.

> "대통령이 궐위되거나 사고로 인하여 직무를 수행할 수 없을 때에는 참의원의장, 민의원의장, 국무총리의 순위로 그 권한을 대행한다."

여기서 참의원, 민의원은 각각 국회의 상, 하원을 지칭한다. 제2공화국은 양원제였으니까. 또한 여기서 국무총리란 행정부 수반이었다. 제2공화국은 의원 내각제였으니까. 여기서 알 수 있는 중대한 사실은 제2공화국 헌법이 국가 원수인 대통령의 궐위를 "민주적 정통성을 확보한" 국회의장과 행정부 수반인 국무총리에게 대행토록 한다는 점이다. 참의원의장, 민의원의장, 국무총리 중 어느 한 명도 정통성이 극히 적은 단순 임명직이 아니다.

참의원과 민의원의 의장은 단원제인 제22대 국회에 대입하면 국회의장이고 의원 내각제에서 국무총리는 국회라는 "대의기관"이 선출한 행정부 수반이라는 정통성을 각각 보유하고 있다. 필자는 이러한 선례를 통해 국민의 선거로 선출된 대통령의 궐위는 임명직인 국무총리와 국무위원에게 우선될 이유도, 필요도 없다고 보며 10차 개헌에서 대통령의 궐위 시 대행 1순위로 민주적 정통성을 보유한 대의기관의 장인 국회의장이 우선되어야만 민주적 정통성에 흠결이 생기는 작금과 같은 현상을 원천 봉쇄할 수 있다고 여긴다. 일각에서는 행정부의 수반을 입법부의 수반이 맡게 될 경우의 입법부 편중을 우려하고 또한 지적하나, 민주주의 국가에서 민주적 정통성은 국가 원수의 직무를 대행하는 자에게 있어 그 무엇보다 원칙적으로 우선시되어야 한다. 국가 원수를 임명직이 최우선으로 대리한다는 것 자체가 필자가 볼 때에는 상당히 모순적인 현상이 아닐 수 없는바, 이번 10차 개헌에서는 국회의장의 대통령 권한대행 순위를 최우선으로 명문화하여 권한대행 체제의 정통성 흠결을 최소화해야 할 필요가 있다고 판단한다.

또한 헌법기관 확충에 관해서는 제일 먼저 국가인권위원회의 헌법기관 승격을 꼽을 수 있다. 필자는 국가인권위원회가 국민 인권 보장을 위해 기여하고 있다고 여기고 따라서 그 존재 의의를 분명 실현하고 있다고 판단하나, 독립된 기관인 동시에 9차 개헌보다 늦은 시기에 설립된 기관이라는 특징상 헌법에 명기되어 있지 못하여 그 강제성에 있어 한계가 명확하며 국가인권위원회의 시정 요구에 대해 강제성이 없다는 이유로 시정을 거부하고, 지키지 않고 있는 경우가 적지 않다. 이는 필자가 2024년 국가인권위원회 군인권 모니터링단에 위촉되어 활동하면서 몸으로 직접 체감한 사실이기도 하다. 민주주의 국가인 대한민국에서 인본주의에 의거, 전 국민의 인권이 균등히 보장되어야 하며 인권의 미흡에 대한 시정 조치는 강제성이 담보되어야 한다고 필자는 강력히 생각하고 있다. 따라서 10차 개헌에서는 국가인권위원회를 독립성이 담보되는 헌법기관으로 격상시켜 인권 보장의 진보를 반드시 이룩하여야 한다고 여긴다. 국가인권위원회가 설립되며 제정된 국가인권위원회법은 헌법에 명기만 되어 있을 뿐 인권 탄압으로부터 구제받을 길이 사실상 부재하였던 그간의 아픈 역사를 어느 정도 떨쳐버린 한국의 인권 보장에 대해 구체적 기준이 되는 역할을 하고 있는바, 인권 보장을 담당하는 인권 전담 기구인 국가인권위원회가 헌법기관으로 격상된다면 그간 "인권"에 대한 정의 자체가 상대적으로 미약한 측면이 있었던 한국 사회의 맹점을 개헌으로 완벽히 해소할 수 있게 함과 동시에 인권 기구를 헌법에 명문화한 타국의 선례처럼 국제적으로 한국이 인권 보장이라는 측면에 있어 경쟁력을 확보하게 되는 이점과 더불어 경제적 지표로 증명된 선진국일 뿐만이 아닌 '인권 선진국'으로 진정하게 도약하였음을 세계만방에 상징적으로 증명하는 증거로 기능할 것이라고 필자는 확신한다. 물론 9차 개헌 당시에도 헌법기관의 창설이 많지 않나 하는 비판 여론이 있었으며 실제로도 국가인권위원회가 헌법기관으로 기능한다면 타 기관과의 권한 중복 문제가 대두되지 않겠느냐는 비판이 있으나, 이런 점들을 다각적으로 고려하더라도 인권 전담 기구의 헌법기관 승격은 그간 인권 보장에 있어 타 선진국에 비해 미약하였던 한국의 고질적 문제를 획기적으로 개선할 수 있는 가장 확실한 방안이라고 필자는 생각한다.

또한 수도 이전/이원화에 관하여도 필자는 10차 개헌에서 헌법에 명확히 성문화되어 수도와 관련한 모든 혼란을 일축하여야 한다고 여기는데, 이유는 현행 헌법상 그 어디에도 수도를 "서울특별시"로 한다는 조항이 없음에도 불구하고, 그리고 헌법을 포함한 한국의 모든 법제는 판례법주의로 대표되는 영미법계가 아닌 성문법주의, 즉 "법에 나와 있는 대로" 원칙으로 대표되는 대륙법계에 포함됨에도 불구하고 지난 참여정부 당시 수도 이전에 대하여 헌법재판소가 "관습헌법"이라는 영미법계의 논리로 위헌결정을 한 바가 있기 때문이다. 이는 당연히 수도 이전, 이원화에 대한 효용성을 논하기 이전에 헌법 적용에 있어 "일관성이 없는 게 아닌가?"라는 본질적 의문을 불러일으킬 수밖에 없으므로, 헌법의 일관성 보장을 위해서도 반드시 해결되어야 하는 문제에 해당한다. 또한 대한민국 정부는 그간 경제적, 사회적, 문화적,

안보적인 다양한 이유로 인해 서울특별시의 한계를 실감하고 정부대전청사, 정부세종청사라는 시도를 통하여 행정 기능의 상당수를 대전권으로 이전하고 있었으며 최근에는 세종의사당에 관한 법률이 제정되며 입법과 행정 기능의 중심을 서울에서 지방으로 옮겨 국가 균형 발전을 꾀하려 하고 있다. 필자 개인적으로는 헌법에 "명확히 수도에 관한 규정이 나와 있지도 않은데" 엄연한 대륙법계인 한국의 법제에 "온전히 부합하지도 않는" 영미법계 논리인 관습헌법으로 수도에 대한 정의가 확립되는 것이 옳지 않다고, 모순된다고 생각하는바 "대한민국의 입법, 사법, 행정의 중심지"가 어디인지 헌법에 명확히 하거나, "수도가 갖춰야 하는 조건"을 명확히 하거나 둘 중 하나의 방법을 택하여 10차 개헌에 반드시 반영하여야 한다고 여긴다.

3-2) 심각한 교조주의 및 진영 논리, 보수주의에 대한 고찰

필자는 이전 장에서 한국 사회의 심각한 권위주의, 교조주의, 그리고 그로 인한 한국 사회의 보수성을 내란의 힘이자 내란의 원인으로 지목하여 서술한 바 있다. 이번 장에서는 그러한 한국 사회의 부정적인 요소들을 되돌아보고 또한 해결하는 방법은 무엇이 있는지 서술해 보고자 한다.

우선 필자가 한국 사회의 부정적 편린을 언급할 때 반드시 짚고 넘어가야 한다고 서술하는 부분은 역시 한국 사회의 "사실상 부재한 진보 의식"이다. 분명 주변을 보면 한국이 지금처럼 가면 안 된다, 바뀌어야 한다는 여론 자체는 적지 않은데 이러한 의견들이 심각한 교조주의와 진영 논리, 권위주의 등등의 요소 때문에 공식적인 정치판으로 올라오지를 못하고 있는 현상이 반복되는 실정이니 자연스레 부재한 진보 의식에서 기인하는 보수성이 짙은 정책들이 꾸준히 나오고 있고, 산적한 사회 문제의 해결은 요원한 상황이다. 이제 이번 12.3 내란을 계기로 돌아볼 것은 돌아보고, 고칠 것은 철저히 쇄신하고, 그 속에서도 가져가야 할 개혁 정신은 끝까지 관철하여 한국 사회에 전례 없는 혁명 수준의 진보를 도래하게 만들어야 할 필요성이 있다고 필자는 확신하여 서술한다. 그렇다면 그동안 없었던 진보 의식을 사회가 가지게 만들기 위해서는 어떻게 해야 하는 것인가? 필자는 여기서 역설적으로 우리 모두 조금 더 "원칙적으로, 원칙에 기반하는 정치 이상"을 가져야 할 필요성이 있다고 강하게 외치고자 한다.

저기서 필자가 강조하는 원칙은 도대체 무엇을 가리키는 것인가? 그것은 바로 민주주의와 민주공화국의 원칙이다. 대한민국 헌법 제1조에 쓰여 있는 내용 그대로, "대한민국은 민주공화국이다"라는 원칙을, "대한민국의 주권은 국민에게 있고, 모든 권력은 국민으로부터 나온다."라는 원칙을 한 번 더 상기하자는 것이다. 대한민국은 분명한 민주공화국이며 민주주의 체제에 기반하여야 한다. 대한민국이 멸망하지 않는 한 대한민국 영토에서 민주주의가 부정되는 것은 결단코 존재할 수가 없는 일이다. 그리고 민주주의의 보편 상식에서 벗어나 독재적 권위주의 체제를 건설하려는 사람들이 적지 않다고 해서 이를 대한민국의 정치 "이념으로 인정"하는 일이 있어서는 절대로 안 된다는 것. 이것이 필자가 주장하는 "한국 사회가 새겨야만 할 원칙"이 있다면 그게 무엇인가를 명확히 설명한다. 민주주의가 작동하는 원리는 비록 기본이 다수결의 원칙이라고 하나, 그 다수결은 철저히 소수 의견을 존중한다는 전제가 있어야 하며 동시에 자유민주주의적 헌정질서에 위반되지 않는 선에서의 다수결이어야 한다. "독재라 해도 많은 사람들이 지지하면 그건 민주주의 위반이 아니다"라는 생각 따위를 철저히 갖다 버려야만 한다. 그리고 자유민주주의적 헌정질서를 깨뜨리려고 하는 사람 혹은 집단이 있다면 그 사람이 누가 됐건, 그 집단이 무슨 집단이 됐건 무조건 단죄하여야 하는 것이다. 그것이 대한민국은 민주공화국이라는 대원칙을 지키는 길이니까 말이다. 이러한 필자의 견해에 기반할 때 자유민주주의 헌정질서를 철저히 파괴하려 드는 집단, 세력들이 소위 "보수 진영"이랍시고 그저 양대 정치진영 중 한 분파로 취급되는 현상 자체가 민주공화국에서 있어서는 안 될 일이며 보수라는 이념의 본질을 훼손하는 일이고, 설령 그러한 현상이 지금까지 한국 사회 내에서 보편적이었다고 한들 민주공화국의 미래를 위해서는 그 보편적인 현상을 지금부터 없애 버려야 한다.

이는 필자에게 있어 너무나도 당연한 한국 사회의 진정한 "정상화"이다. 그리고 그 정상화의 시작은 바로 이번 12.3 내란을 주도한 세력을 철저히 단죄하여 역사에 그 추악함을 영원토록 기록에 남겨 버리는 일이 될 것인바 그 단죄를 위해, 그리고 내란에 대한 역사의 단죄가 확실히 이루어진 이후에 우리 사회가 진보를 위해 반드시 성찰하고 또한 바꾸어 나가야만 하는 구시대적, 권위주의적인 요소들이 무엇인가? 필자가 생각하는 모든 종류의 요소들을 총망라하여 서술하겠다.

첫 번째 키워드: 정부 제일주의 타파

현재 한국 정치관의 문제 중 제일 대중적이면서도 제일 그 부작용이 큰 인식의 오류를 하나 들어보자면 그것은 바로 필자가 앞서 3-1)에서도 언급하였던 "정부 제일주의"라고 할 수가 있을 것이다. 이러한 정부 제일주의는 그야말로 국회가 태동한 이래 단 한 번도 한국 정치에서 제대로 제거된 바가 없다고 해도 지나치게 과도한 비약은 아닐 정도로 한국 정치사에서 너무나 보편적인 현상이었다. 기나긴 독재 정권에서 벗어난 지 반세기도 지나지 않은 한국 사회의 민주화 역사를 상기하면 더더욱.

그렇다면 정부 제일주의는 우리 사회가, 우리 국민 전반이 정치를 논할 때 어떠한 형태로 우리 곁에 다가와 느껴지고 있을까? 필자 생각에 멀리 갈 것도 없다고 보인다. 국회의원 의석이 늘어나는 것과 정부 부처 개수가 늘어나는 것 중에서 무엇이 더욱 대중에게 거대한 거부감으로 다가오는가? 물론 후자라고 생각하는 독자 여러분도 적잖겠지만 보통의 경우로 따지자면 전자의 거부감이 훨씬 크게 다가올 것이다. 자, 이제 현실 정치를 더 깊숙이 파고 들어가 보자. 현재 한국의 정치 실황을 따져 봤을 때 국회 의석을 늘리는 것과 정부 부처를 늘리는 것 중에 "대중에게 느껴지는 거부감과 무관하게" 현실적으로 무엇이 더 시급한가? 이는 압도적으로 전자라고 필자는 본다. 하지만 이러한 국회 의석의 현저한 부족이라는 문제를 인지하고 이러한 심각성을 해결하기 위해 국회 의석을 늘리자고 주장하는 순간 필자는 무슨 논조의 발언들을 제일 먼저 들었는가 하면 "혈세 낭비다, 국회의원 오히려 줄여야 한다, 비례대표 없애야 한다" 등등의 발언들을 제일 먼저 듣는 것이 현실이었다. 물론 필자 역시 처음에는 이것이 전형적인 국회 불신의 표본이라고만 생각하였다. 그러나 한 번 더 진중하게 생각을 돌려보게 되면 국회와 국회의원을 믿지 못하기 때문에 더더욱 국회의원 1명 1명의 권한을 확 줄여 버려야 할 필요성이 대두되는 것이고, 그러기 위해서는 국회의원의 숫자를 대폭 늘리는 방식으로 국회의원의 권한을 간단히 줄여 버릴 수 있지 않은가? 물론 일도 열심히 안 하는 국회의원을 더 늘려봐야 뭐하겠느냐는 반박 역시 필자가 한두 번 들은 것이 아니지만 냉정하게 이야기해서 어느 조직을 가든 일을 잘하는 사람과 못하는 사람이 대개 나뉘기 마련이고 일을 열심히 하는 사람과 안 하는 사람이 나뉘기 마련이다. 그리고 그러한 문제는 언제나 조직이 "클수록" 적다. 왜냐? 일 못 하고, 안 하는 사람 1명이 차지하는 비중이 줄어든다는 "많은 인원"이라는 특성으로 그 단점을 상쇄시킬 수 있으니까 말이다. 아무리 국회라는 조직을 다른 일반적인 사회 조직과 일대일 비교하는 것에 무리가 따른다지만 국회의원이 많아지면 그만큼 열심히 하는 의원의 수도 늘어나고 동시에 의원 개개인의 권한이 작아지므로 국회가 더욱 효율적으로 국민 대의기관으로써 맡은 바의 역할을 잘 수행하는 조직이 되는 효과가 창출되는 것이다. 그러나 이러한 분석과 견해가 있음에도 불구하고 국회의원의 숫자는 모두가 알다시피 좀처럼 늘어나지 못하고 있으니 이는 국회 불신만이 문제가 아니라 정부 제일주의와 국회 불신이 겹쳐서 발생하는 인식적 오류에 가까운 현상임이 분명하다. 이번 12.3 내란을 일으킨 내란 세력을 지지하는 대중의 심리 역시 자세히 뜯어보면 정부 제일주의에 입각한 정치관이 독재적 권위주의 정권에 대한 환상과 연결되면서 내란 세력을 지지하는 선전 선동의 공고화를 불러왔다는 것을 매우 손쉽게 분석할 수 있다. 대통령 중심제를 채택하고 있는 한국 정치의 특성상 권위주의와 연결되는 경향이 강한 정부 제일주의를 타파하고 바람직한 삼권분립 의식과 삼권 견제 의식을 기존에 공고했던 정부 제일주의 이상으로 공고히 하여 한국의 민주주의를 그 어떠한 평지풍파에도 항구적으로 불변토록 재건축할 필요성이 충분하다고 필자가 강변하는 이유이다. 민주주의는 결국 견제가 많이 이루어질수록 더욱 공고해질 수밖에 없고 지나치게 행정부와 대통령에게 권한이 집중되어 있는 한국 정치의 구조적 한계 속에서 견제가 더욱 많이 이뤄지게 하기 위해서는 우리 스스로가 그간 갖고 있었던 정부 제일주의적 가치관과 고정관념을 깨부숴야만 건전한 견제를 기치로 하는 건강한 민주주의가 비로소 올바르게 기능할 수 있을 것이기 때문이다.

두 번째 키워드: 양비론, 정치적 무관심 타파

우리 스스로가 반드시 바뀌어야만 하는, 그 생각을 완전히 일신해야 하는 두 번째는 바로 양비론의 완전한 타파라고 할 수 있다. 정확히는 양비론 대신 "차악의 원칙"으로 우리 모두의 정치관념이 일신되어야 한다고 필자는 강력히 주장한다. 아울러 이러한 지나친 양비론이 정치적 무관심으로 이어져 그저 단편적인 정보만 보고 들으며 판단할 뿐 심도 있는 정치적 현안에 대한 분석의 부재로 이어지는 현상을 방지하려면 정치적 무관심의 타파 역시 필수적이다.

이러한 양비론의 시초는 모두가 예상하다시피 확고부동한 양당제의 흐름에서 시작되어 그대로 진행, 확장된 개념인 것이 사실이다. 그러나 양당제를 확고부동하게 만든 결정적 원인은 결국 한국 정치의 진보적 개혁에 대한 논의가 그간 부재했던 것에서 기인하였음을 간과할 수 없으며, 그만큼 한국 사회가 권위주의적 부작용에 그간 신음하고 있었음을 미루어 짐작할 수 있다. 그렇다면 이토록 굳건한 양비론과 정치적 무관심을 타파해 내기 위해서는 어떻게 해야 하는가? 필자는 이러한 문제에 대해 "차악의 원칙을 상기하되, 헌정질서에 위반되는 사상에 대해 단호히 배격해야 한다"라고 여긴다. 현재 한국 정치를 그야말로 안 좋은 방향으로 뒤흔들고 있는 내란 사태 역시 헌정질서를 정면으로 위반하는 사상에서 기인했으며 이러한 극단주의는 양비론을 차악의 원칙보다 우선되게 하는 중대한 원인으로 작용하고 있다. 게다가 헌정질서에 정면으로 위반되는 극단주의자들은 선동에 선동을 반복한 끝에 타 정당에 대한 관념을 최소한 "양비론" 수준으로 끌어내리는 작전에 어느 정도 성공한 상태라서 더더욱 크게 받아들여진다. 그러나 양비론이 맞다 하더라도 최악이 있고 차악이 있는 법이다. 최악도 악이고 차악도 악이라고 일반화하는 것을 과연 정치적으로 현실적인 관념에 해당한다고 볼 수 있는가? 필자는 전혀 그렇게 볼 수 없다고 여기고, 현실과 크게 동떨어졌으며 더 이상 21세기 정치 트렌드에 따라갈 수가 없는 그릇된 관념으로 전락한 것이 한국 정치의 "대중적인" 양비론이라고 과감히 강조한다. 정치에 자신이 생각하는 최선이 있을 수 있지만, 항상 최선만 있을 수는 없는 법이기 때문이다. 필자가 생각하는 민주주의 정치에서의 차악이란 "가치관이 나와 맞지 않지만 최소한의 원칙은 지키는" 것인데, 지금 내란 세력과 그들을 지지하는 사람들은 최소한의 원칙조차 지키지 않고 도리어 대한민국과 헌정질서를 무너뜨리려는 사상을 가지고 있으므로 그야말로 필자가 제시한 최악과 차악의 경우 중 최악 포지션에 해당한다고 볼 수 있는 것이다. 그러나 양비론은 그런 최악과 차악의 차이를 무의미하게 만든다는 점에서 큰 문제인데, "어쨌든 둘 다 나쁘다"라는 일반화의 오류는 현재 한국 사회를 관통하는 정치적 무관심의 일등 공신이 되어 있다. 나쁜 것에도 정도의 차이가 있는데 이를 깡그리 무시하는 것이 양비론의 기초이기 때문이다. 이제 우리는 더 나쁜 것과 덜 나쁜 것을 명확히 하는 정치관을 가져야 하고 또한 확산시킬 필요가 있다. 냉정하게 말해서 그래야만 제2의 12.3을 막을 수 있을 것임이 필자 생각엔 확실하다. 더 나쁜 것과 덜 나쁜 것을 제대로 분석하고 구별하지 못한 채 양비론에 대한 무비판적인 수용을 감행한 결과가 이번 12.3 내란이고, 서부지법 폭동 사태이다. 우리 모두의 정치관이 바뀌어야 할 필요가 있다고 필자가 강변하는 이유이다.

또한 정치적 무관심 현상 그 자체에 대해서도 필자의 견해를 상세히 서술하고자 한다. 이는 비단 양비론만이 아닌 "기계적 중립"이라는 현상과도 크게 결부되는 현상이라 여겨진다. 물론 정치라는 것이 전 국민적으로 좋은 뉴스보다 안 좋은 뉴스, 소위 눈살 찌푸리게 하는 뉴스들이 압도적으로 많이 나올 수밖에 없으며 기사나 9시 뉴스 본다 해도 볼 때마다 기분이 별로 좋지도 않은데 굳이 정치에 관심을 가져야 할 필요가 있나 하는 의문을 가진 경우가 적잖은 것은 사실이다. 실제로도 정치에 큰 관심을 두지 않고 기계적 중립으로 일관하는 것을 그 자체로 마냥 애국심이 없는 부류 혹은 사회에 관심이 없는 부류라고 간주하며 비난할 수는 절대로 없고 그리 해서도 안 된다. 하지만 "국헌이 무너질 뻔한 정도의 초대형 사건이 일어났다면" 이야기는 180도 달라진다. 자고로 달리는 기차 앞에 중립은 없는 법이다. 기계적 중립이 사실상 강요되는 사회 풍조는 물론 12.3 내란 이전부터 큰 문제로 작용한 것이 사실이지만 그 문제점이 이번 내란을 통하여 부정적으로 극대화된 채 사회 전체로 퍼져 나가고 있는 것도 또한 명백한 사실로써 이러한 기계적 중립이 만연하고 심지어 강요되는 풍조를 타파하는 것이 향후 우리 사회의 중장기적 당면 과제가 되었다고 해도 과언이 아니다. 그 어느 경우에도 대한민국이 존속하는 한 굳건해야 할 자유민주주의적 헌정질서를 선전 선동과 물리력을 동원하여 파괴하려 드는 반민주, 반국가적 행위 앞에서도 중립이 있을 수 있는가? 이러한 극단주의의 준동 앞에서 기계적 중립은 그저 부조리에 대한 침묵과 다를 바 없다고 필자는 강하게 비판한다. 내가 해외에 나가서 다시는 한국 땅에 돌아오지 않을 것이기 때문에 나라의 미래에 관심이 부재한 수준이 아니라면 당연히 국헌을 문란케 하는 시도를 비판해야 하며 그러한 시도를 부추기는 선동을 비판해야 마땅하고, 또한 그러한 비판에는 최소한 근본적 의문을 제기하는 사람이 없어야 마땅한 것이다. 그러나 기계적 중립이 너무나도 오랜 세월 사회 전체에 강요된 탓에, 이런 당연한 비판을 꺼내는 것조차 매우 부담스러울 수밖에 없는 분위기가 만연한 것이 필자의 눈에는 실로 답답하지 않을 수가 없다. 이렇게 정치 성향이 어떤가를 막론하고 비판받아야 할 사안조차 기계적 중립 강요 분위기에 휩쓸려서 일상에서 가볍게 꺼내 말하기 어려우니, 구체적인 다른 정치 이상관을 논함에 있어서는 오죽하겠는가? 이런 답답한 사회적 분위기는 자연히 정치적 무관심을 이끌게 되는 법이다. 가장 기본적이고 당연한 자유민주주의 헌정질서 수호라는 주제조차 꺼내기 어려운 사회에서 어떻게 정치에 관심을 가지고 정치에 목소리를 내는 민주 시민이 육성될 수 있는가? 이러한 현실에서 민주시민이 많이 육성될 확률이란 하늘의 별 따기와 같은 수준, 더 나아가서 꿈속 기적과도 같은 수준에서 벗어나지 못할 수밖에 없다. 그리고 민주 시민이 육성되지 못하는 구조적 한계를 가진 사회는 당연하게도 끊임없이 민주주의 체제를 극단주의자들에게 위협받을 것이고, 극단적 선전 선동에 취약해질 것이며, 종국에는 민주주의 체제에서 선출된 자들에 의하여 민주주의가 무너지는 최악의 미래를 당면하게 될 것이 너무나 자명하다. 당장 우리는 내란 우두머리가 파면된 이후 치러질 대선의 결과를 "걱정"하고 있으며 걱정해야 하는 상황이 아닌가? 이것만으로도 현재 한국의 민주주의는 근본적으로 대단히 심대한 위기를 겪고 있으며 이러한 헌정질서의 위기는 양비론, 정치적 무관심, 기계적 중립 강요 문제가 해결되지 않는다면 앞으로도 이런 심대한 위기를 또 겪어야만 하는 사회로 전락할 것이 분명하다는 것을 명백히 증명한다고 필자는 분석한다.

세 번째 키워드: 섣부른 일반화의 오류 타파

마찬가지로 필자가 생각하기에 이 부분 역시 우리 모두 그 인식을 총체적으로 바꾸어야 하며 천지개벽, 상전벽해 수준의 개선을 이룩해야만 하는 문제는 바로 섣부른 일반화의 오류가 정치 및 정치인을 논함에 있어 상당히 빈번하다는 문제점이다. 물론 특정 정치관과 그 정치관을 대표하는 정치인을 비판하는 과정에서 관점의 차이는 존재하기 마련이지만 원체 진영 논리와 교조주의가 심각한 수준에 이른 한국 사회의 현주소에서 기인하는 잘못된 비판 방식은 현재 한국 정치를 병들게 만드는 요인 중 하나이다. 자신의 관점만을 내세워 논점을 이탈하고 문제점의 근원을 호도하며 심지어는 정치인 개인의 인성 논란까지도 비집고 들어가는 비판이 이어지고 있는데, 종국에는 더 이상 비판의 본래 의도와 목적성을 상실한 채 그저 다분히 과장, 호도, 일반화되어 비난과 조소라는 형태로 각 정당, 정치인에게 도달하게 된다는 것이다. 따라서 이러한 현상의 근원이 되는 섣부른 일반화의 오류를 우리는 앞으로 정치를 논할 때 최대한 줄여 나가야 할 필요성이 다분히 있다.

일반적으로 "일반화"라는 현상은 필자가 이전 문단에서 서술한 "정보의 양적 방대함", "정보 검증이 거의 불가능한 현대인의 바쁨" 이라는 2가지 현상과 크게 결부된다. 볼 수 있는 정보의 양이 많아지는 만큼 부정확한 정보의 비중도 급상승하였고 이를 천천히 교차 검증할 수 있는 시간적 여유는 현대 한국 사회를 살아가는 시민들에게 사실상 부재하다고 볼 수 있으므로 자연히 정치에 대해 꾸준하고 세세하게 파는 경우가 아닌 이상 일방적인 논조를 계속 접하게 되면 섣부른 일반화의 오류를 범하게 될 확률이 대단히 높아지는 것이다. 정보화 시대와 바쁜 환경이라는 사회적 현상 속에서 우리가 경계해야 할 요소가 절대로 선전 선동에 국한되지 않는다는 것을 짐작할 수 있는 대목이다. 비단 극단주의에 선동되지 않았다 하더라도 특정 유명 정치인에 대해 섣부른 일반화를 기반으로 악감정을 가지는 경우는 우리 사회가 정치를 논할 때 정말 일상 단계에서부터 비일비재하게 접할 수 있으며 이는 일부 기사의 논조만 보아도 알 수 있듯이 온라인과 오프라인을 가리지도 않을 정도로 보편적인 현상이다. 물론 정당과 정치인을 평가하는 데에 있어 그 정당과 정치인이 도덕적으로 흠결이 없는 사람인가를 분석하는 것은 결코 가벼이 여기거나 잘못되었다고 할 사안은 아니다. 그러나 섣부른 일반화의 '오류'라고 적시되는 것부터 딱 보이듯이, 우리 사회의 대다수가 그러한 도덕적 흠결을 분석하는 것에 있어 교차 검증을 잘 하지 않고(물론 증거가 불충분하여 섣부른 평가를 할 수 없는 경우 또한 많지만) 그 부족한 내지는 정확하지 않은 근거를 바탕으로 정당/정치인을 저평가하거나 적대시하는 현상이 '보편적'일 지경이니 문제가 되는 것이다. 이는 필자가 앞에서 서술한 '차악의 원칙'을 보편적으로 통하지 못하게 하는 방해 요소로 작용하며, 사회를 진영 논리, 양비론, 정치적 무관심으로 이끄는 중요 원인 중 하나이다. 그리고 필자가 나열하는 저 세 가지 요소는 결국 2020년대에 들어서 사회 전체를 가짜뉴스와 선전 선동에 취약하게 만드는 부작용으로 이어지게 되었고 결국 내란 획책이라는 극한 상황을 목도하고 있는 시국에서조차 국론을 끝까지 선동으로 일부 분열시킬 정도로 심각해졌다. 또한 이러한 섣부른 일반화의 오류는 중립이라는 개념 자체를 호도시키고 필자가 앞서 서술한 기계적 중립을 공고화하는 데에도 지대한 영향을 미친 것이 현실이다. 중립이란 개념, 중도라는 개념은 물론 존재하고 이를 부정할 수는 없겠지만, 그러나 중립과 중도란 어찌 됐든 헌정질서 안에서 중립이어야 하고 민주공화국이라는 개념 안에서 중립이어야 하는 것이다. 하지만 작금의 한국 사회에서 중립이란 무엇인가? 헌법을 수호하고자 하는 세력과 헌법을 파괴하고자 하는 세력의 중간이며 민주공화국을 수호하고자 하는 세력과 민주공화국을 파괴하고자 하는 세력의 중간이 아니던가? 그러한 중립과 중도는 결코 사전적 의미의 중립, 중도라고 할 수 없으며 대한민국에서 올바른 의미의 중립, 중도라고 볼 수가 절대로 없고, 그런 잘못된 중립, 중도는 반드시 타파되어야 하며 앞으로도 영원토록 이 땅에서 볼 수 없어야만 한다고 필자는 강하게 주장한다. 그리고 그러한 현상들을 이 땅에서 영원히 없애기 위해서는 섣부른 일반화의 오류에 전도되지 않도록 경계하는 것. 그것이 무엇보다 절실하고 중요한 1순위이며 또한 나 자신만이 아니라 우리 사회 전체가 시민들이 그러한 오류에서 벗어날 수 있도록 부단한 노력을 기울여야 한다는 것이 필자의 오랜 생각이다.

3-3) 청년/청소년의 "실질적" 정치 참여 확대

한국 정치에서 그간 참 여러 차례 지적되던 문제이다. 청년, 청소년의 정치 참여가 실질적으로 봉쇄되어 있는 수준이라는 문제. 대한민국이 실질적인 제도적 민주화를 이룩한 이래 청년, 청소년의 정치 참여는 항상 실질적으로 봉쇄되지 않은 적이 없다시피 하며 그간 민주주의의 실질적 혜택은 기성세대만이 누릴 수 있는 전유물과도 같았다. 물론 현재에 이르러서는 만 18세에게 투표권이 주어지는 등 청년, 청소년의 정치 참여가 예전처럼 아예 봉쇄되어 있는 수준은 아니라지만, 여전히 한국 사회는 "머리에 피도 안 마른 것들이 무슨 정치를 논한다고 난리냐" 같은 논조의 편견에서 벗어나지 못하고 있는 것이 명백한 사실이기도 하다. 그리고 국가, 사회에서 정치가 가져다주는 영향을 가장 크게, 초장기적으로 받을 수밖에 없는 계층이 청년과 청소년이라는 점에서 이는 이번 12.3 내란 사태와 무관하게 반드시 개혁하고 넘어갈 수밖에 없는 문제였다. 물론, 내란이 발생한 이후 안 그래도 절실했던 그 필요성이 더더욱 증대되었기는 하지만 말이다. 그렇다면, 내란의 힘과 이별하기 위해서 청년, 청소년의 실질적 정치 참여가 대폭 확대되어야 하는 이유는 무엇일까? 그것은 바로 그 시기가 인생에서 잘못된 고정관념을 스스로 개선할 수 있는 사실상 마지막 시기와도 같기 때문이다.

필자가 도서를 시작하면서부터 꾸준한 논조로 서술하고 있는 내용이 바로 정치적 고정관념이 확고해지는 경우 교조주의로 가고, 권위주의로 가고, 극단주의로 간다는 점인데, 그러한 고정관념은 한 번 형성되면 깨뜨리기가 정말로 어렵다. 감히 하늘의 별 따기라는 격언을 사용해도 무방할 정도인데, 만일 독자 여러분께서 청년, 청소년기를 거치면서 확고히 가지게 된 고정관념을 중장년기에 깨뜨리신 바가 있다면 필자는 여러분에게 "그야말로 로또에 당첨되셨습니다"라고 거듭 말씀드리겠다. 그 정도로 고정관념은 한 번 형성되면 바뀌기가 대단히 어려운 것으로써, 애초에 그릇된 고정관념이 생기기 전에 그 여지를 원천 차단하는 전략으로 접근하여야 하는데 그 해답은 청소년과 청년의 정치 참여를 대폭 확대하여 청년을 새로운 한국 정치의 주류 세대로 자리매김토록 하는 것이라고 필자는 확신하며, 이는 한국 사회의 미래와 민주시민 육성의 미래를 위한 해답이라고도 여긴다. 그렇다면 어떤 방식을 통해 한국 정치가 청년, 청소년의 참여가 적극 장려

되는 신선하고 건강한 정치로 거듭날 수 있는 것일까? 필자는 우선 대화와 토론이 활발한 교육 제도와 분위기를 적극 조성하여야 한다고 여긴다. 한국의 교육 환경에서 '질문'이라는 개념의 빈도가 활발한 경우가 상당히 적다는 현실은 이 책을 읽는 독자 여러분이라면 누구나 다 알고 계실 것이다. 물론 질문을 일체 차단하거나 받지 않는다는 것이 절대 아니다. 그저 질문할 분위기가 도무지 나오지 않는다는 점에 문제의 핵심이 있다. 왜냐? 대화와 토론이 활발하게 전개되기 위해서는 그 시작이 반드시, 무조건 질문의 연속으로부터 전개되어야만 하기 때문이다. 끊임없는 의문과 반박이 오가고 어떠한 일에는 반드시 합당한 근거가 뒤따르는, 소위 "당연한 건 아무것도 없는" 것이 보편적 상식으로 통하게 되는 교육 현장이야말로 필자가 생각할 때 민주시민을 육성하는 가장 이상적인 교육 환경에 부합한다고 여겨진다. 그간 한국 사회와 교육은 "당연히 지켜야 하는 것, 당연히 따라야 하는 것"과 그러한 분위기를 조성하고 또한 가르치는 데에 초점이 맞추어져 있었으며 현재에도 그러하고, 이러한 교육 환경은 한국 사회 전체에 뿌리 깊은 권위주의가 기저에 깔리도록 유도하고, 그렇게 깔린 권위주의를 더욱 공고히 하게 하는 요소가 되었기 때문이다. 사회가 권위적이고 보수적인 이유는 교육이 다분히 권위적이고 보수적이기 때문이라고 필자는 강력히 주장한다.

필자가 이전 문단에서 교육의 개선에 대해 논하였지만 이는 청소년기, 즉 초/중등교육 영역에서 주로 적용될 내용들이다. 그렇다면 이제 고등교육의 영역과 사회인의 영역으로 접어드는 청년 세대의 정치 참여 극대화를 유도하는 방안은 무엇이 있을까? 필자는 그 해답을 "진보적 아젠다"에서 찾고자 한다. 아젠다(agenda), 그 개념은 일반적으로 의제라고 받아들여진다. 그리고 이 단어의 뜻을 더 정확히 해석하자면 "행동해야 할 일"이라는 뜻을 가지고 있다. 즉 어떠한 목적을 달성하기 위해서 "어떻게 실행해야 목적을 달성할 수 있나?"라는 질문을 의제로 표현하는 것이 바로 '아젠다'라는 개념이고, 진보적 아젠다란 그 자체로 "사회적 소수의 인권을 어떻게 끌어올리느냐?"라는 주제를 기초로 하는 것이다. 필자는 바로 여기서 청년이 한국 정치에서 명백히 사회적 소수라는 점을 지적하고, 사회적 소수인 청년의 인권을 끌어올리기 위해서는 청년이 자연히 한국 정치에서 선봉에 위치하여야 한다는 인식을 보편화해야 한다고 지적한다. 청년의 정치 참여 확대와 청년 정치의 신장은 한국 사회를 지배하는 보수, 권위주의에 청년들이 얼마나 강한 도전 정신을 함양하고 있느냐에도 좌우되지만, 그러한 청년들의 도전 정신을 제지하지 않는 사회 제도와 분위기가 형성되어야 하는 것. 그것이 바로 1순위가 아니겠는가? 물론 이번 내란 사태 및 이에 맞서는 집회 시위의 현장에서도 소수자의 인권에 대한 담론, 아젠다가 꾸준히 나오고 있다는 점은 고무적인 현상으로 특기할 만 하지만 진정한 "청소년, 청년 정치의 시대"가 오기에는 그 수준이 아직 한참

멀었다고 필자는 확신한다. 그리고 청년의 도전 정신을 극대화하고 사회 제도와 분위기를 일신하기 위해서는 필자가 위에서부터 서술한 한국 사회가 현재 가지고 있는 수많은 문제점에 우리 스스로 계속 주목하고 있어야 한다. 청년, 청소년은 그 어느 세대보다도 정치가 사회의 문제를 해결하지 못하고 있다는, 아니 우리가 느끼는 문제에 기성세대가 관심도 없을 수 있다는 점에 민감하고, 그에 따른 좌절감과 비관주의를 느끼기 시작하는 순간 그저 비관주의에 기반한 양비론과 정치적 무관심으로 도배된 사람들이 주변에 늘어만 갈 가능성 또한 커지기 때문이다. 따라서 청년, 청소년의 정치 참여를 실질적으로 확대되도록 하는 가장 확실한 방안은 "해달라고 하지 말고 하십시오. 그래야 바뀝니다."라는 말처럼 우리 모두 그저 "정치인들이, 높으신 분들이 해주겠지"라는 안일한 마음가짐에서 벗어나 더욱 적극적으로 사회 진보를 위한 아젠다를 남녀노소 할 것 없이 제시하고 목소리를 더욱 높여 나가는 것이며 더욱 큰 목소리로 정치인이 국민을 움직이는 사회가 아닌 국민이 정치인을 움직이는 사회를 목표하고 행동하는 것이라고 필자는 확신한다.

3-4) 유튜브 등 매체를 이용한 조직적 허위사실 유포, 선동을 뿌리뽑는 정책의 실행

필자는 비록 이전 1번 대단원에서 조직적 선전 선동의 폐해와 그 원인을 상세히 서술한 바가 있었고 해결책의 방향성을 어떻게 가져가야 하는지도 개략적으로는 서술해 놓았으나, 이번 챕터에서는 그러한 온/오프라인을 총망라하는 선동을 어떻게 해야 종식으로 이끌 수 있는지 그 방안을 "집중적으로" 서술해 보고자 한다. 비록 필자가 종식이라는 표현을 사용하기는 하였지만, 필자가 이번 챕터에서 논하는 선동의 종식이란 선전 선동을 아예 원천봉쇄하는 방안보다는 선전 선동에 넘어가지 않고 가짜뉴스를 보편적으로 당연히 등한시하는 분위기의 확립에 가깝다고 독자 여러분께서 받아들이시면 편하실 거다. 일각에서는 가짜뉴스 그거 뭐 얼마나 통하겠느냐는 생각을 가진 경우가 있는 듯하지만, 그 가짜뉴스의 폐해가 12.3 내란까지 만들어 내고 말았으니 얼마나 부정적인 파장이 한국 사회에 크게 다가오고 있는가. 이제 가짜뉴스가 민중을 어디까지 선동되게 하고 국론을 어디까지 분열시킬 수 있으며 국체를 어디까지 위협에 빠뜨리는지 우리는 긴장하고 경각심을 가져야만 할 것이다. 다시금 본론으로 돌아가서, 이러한 선전 선동의 시대, 가짜뉴스의 시대, 극단주의의 시대를 탈피하기 위해서는 어떠한 실질적 개선이 담보되어야 하나? 이에 대하여 자세히 필자의 견해를 논해 보도록 하겠다.

일단 가장 거대하고 따라서 시급히 해결해야 하는 하나의 문제점은 정치에 대해 허심탄회하게 논할 자리가 사회 전체를 통틀어도 현저히 부족하다는 것에서 기인한다. 정치라는 분야는 그 견해에 따라 하나의 정책, 하나의 현상이라도 천차만별로 다르게 해석할 수 있는 다양성이 있는바, 다양한 견해를 가진 사람들이 한자리에 모여서 논박을 거듭하며 그 타협점을 찾아가는 방식이 민주주의 정치의 이상향이라고 볼 수 있는데, 한국 사회는 현재 필자가 서술했던 모든 문제점이 얽힌 나머지 다양한 견해를 가진 사람들이 한자리에 모여 논박하는 분위기가 형성되는 것 자체가 극히 어렵다. 오프라인에서는 말할 것도 없으며 온라인도 사정은 마찬가지다. 되려 익명성을 무기로 정치적 극단주의가 온갖 커뮤니티를 도배하고 있기 때문이다. 결국 오프라인에서 이렇다 할 정치적 토론이 불가능한 상황에서 온라인 공간조차 극단주의로 도배되어 있는 형편이니 한국 사회는 현재 그 어디에서도 정치를 편히 논할 자리를 찾아볼 수 없을 지경에 이르렀으며, 이는 필자가 상술한 정보 검증의 불가로 이어지면서 자연스레 선전 선동에 사회를 취약하게 만든다. 따라서 필자는 사회적 문제를 자유롭게 논할 수 있는 오프라인 공간이 대폭 확대되어야 할 필요성이 있으며 그 방법 또한 온라인/오프라인을 가리지 않고 다각적으로, 또한 다발적으로 실행되어야 한다고 주장한다. 이미 정치적인 현안에 대한 소통을 방해하는 요소들은 마치 돌무지무덤의 형태처럼 켜켜이 쌓여 있는 것이 현실인지라 하나하나 들어내려면 한 가지의 방법으로는 해결하는 것이 절대로 불가능한 일이다. 현실 오프라인 환경에서 제대로 된 담론의 논의가 사실상 부재함으로써 사회 현상에 대한 의문이 좀처럼 해결되지 못한 채 그것을 해결하려고 온라인을 찾다가 극단주의적 여론의 도배를 목격하고, 마찬가지로 그것을 합당한 근거로써 반박하는 경우를 찾지 못하면서 악순환이 발생하는 것의 반복이 연결고리가 되어 그에 따른 정당 지지층 간의 극단화가 매우 빠르게 진행되고 있기 때문이다. 이 모든 현상을 총망라하는 일상 속 정치 공론장, 사회 이슈에 대한 토론장을 대폭 확대할 수 있는 정책 입안, 실행이 시급한 때가 아닐 수 없다. 그러한 공론장 확대와 정치 토론에 대한 열린 관념의 형성이 없이 우리 사회가 정치 극단주의의 시대를 벗어나기란 상당히 요원하다고 볼 수 있겠다.

그리고 공론장의 부재와 더불어 또 한 가지 만만찮은 문제가 최근 들어 대두되고 있는데, 바로 정치 이상과 이념의 중요성 자체가 점점 퇴색되고 중진급 정치인 개개인에 관련한 기사, 리스크 등등에만 온 국민의 관심이 집중되고 있는 현상이 바로 그것이다. 필자가 상술한 모든 문제가 비록 모조리 겹쳐 있는 상황이라 해도 결국 우리 사회를 살아가는 시민 개개인이 대부분 자신의 정치 이념을 갖고 있기만 하면, 정치적 이상을 구체화하고 있기만 하면 앞서 언급한 정치 공론장, 사회 토론장 등등을 형성하는 것에 대해 구태여 다각적인 발상을 요구할 필요가 없어지지만 안타깝게도 현재 한국 사회는 그렇지 못하며, 도리어 정치적 이상을 굳이 구체적으로 가질 필요가 없다고 생각하는 시민의 비중이 늘어만 가는 느낌이 되어가고 있다. 또한 이러한 현상은 정치적 무관심이라는 일반적인 개념과는 사뭇 결이 다른 양상으로 전개되고 있는데, 정치에 관심은 없지만 정치인의 문제에는 관심이 지대하다는, 제법 특기할 만한 현상으로 이해된다. 문제는 이러한 경향이 지속된다면 한국 정치가 "마녀사냥"이라는 참으로 끔찍하고 무시무시한 현상에 다분히 취약해진다는 것이다. 정치인 개개인의 인격 논란이나 사법 리스크 프레임 등등에서 벗어나 정치인이 주창하는 이념, 정책과 해당 정치인의 간절함을 보는 시민이 주류가 되어야만 비로소 한국 정치는 마녀사냥의 마수에서 벗어날 수 있다고 필자는 강하게 주장한다. 애초에 우리가 현재 맞이하고 있는 소위 사법 리스크의 대부분이 정작 정치의 가장 중요한 본질인 이념, 정책 방향성에 대한 고찰의 필요성을 다 묻어 버리고 있다는 것만큼은 의심의 여지가 없는 한국 정치의 건강하지 못한 하나의 현상이자 명백한 암적 면모라는 것을 우리 모두 통렬히 깨달아야 할 것이다.

종합적으로, 필자가 생각하고 또한 앞으로 무조건 실행되어야만 한다고 여기는 선동 뿌리뽑기를 위한 정책들을 간단하게 요약해 본다면 공론장의 마련과 온라인, 오프라인을 가리지 않고 벌어지는 극단주의의 일반화를 타파하기 위한 다양, 다각적 정책을 입안해야만 한다는 것으로 정리하여 보겠다.

4

내란의 힘과 영원히 이별하려면 앞으로 어떻게 해야 하는가?

4-1) 내란의 힘이 재림하는 것을 막으려면

4-2) '위헌정당해산' 심판

4-3) 민주시민교육, 건전한 정치 참여 교육의 확립 및 체계화

4-4) 구시대적 제도 및 분위기 쇄신의 방향성 확립

4

내란의 힘과 영원히 이별하려면 앞으로 어떻게 해야 하는가?

4-1) 내란의 힘이 재림하는 것을 막으려면

필자가 이번 도서 내내 강한 논조로 강조했던 것은 한 마디로 내란에 힘을 실어주는 요소들, 즉 "내란의 힘이 영원히 한국 사회에서 사라지는 것을 목표로 해야만 한다."라는 요소였다. 그리고 한국 사회는 그간 수십 년의 독재를 겪었고, 내란의 성공을 2번이나 허용했으며, 그 내란의 성공조차 민주화라는 형태로 지워버렸음에도 불구하고 12.3 내란이라는 민주화 이래 최악의 현대사를 맞이할 수밖에 없었으며 그 수많은 원인 역시 이번 도서 내내 강조되었다. 이제부터는 한국 사회가 내란의 위협으로부터, 내란 획책에 힘을 실어주는 암적 면모에서 벗어날 수 있는 조금 더 구체적이고 실체적인, 또한 그저 정치권만을 바라봐야 하는 것들이 아니라 우리 모두 실생활에서 실천할 수 있는 해결책을 총망라하여 가능한 한 상세히 서술하여 보고자 한다.

첫 번째로 강조하고자 하는 것은 "라이시테", 즉 더욱 강력한 세속주의 원칙의 확립이다. 우선 라이시테라는 개념이 무엇인가? 그것은 바로 종교를 "개인과 가정의 영역"으로 한정시키고 종교적 신념이 "공적 영역에서 공공연히 등장할 경우" 이를 사회적으로 관용하지 않는다는 개념에 해당한다. 종교 교리와 종교적 신념을 기반으로 하여 사회적 이슈에 대한 자신의 정치적 입장을 확립하는 것이 결코 보기 드물지 않고 일각에서는 너무나도 흔하게 보이다시피 하는 한국 사회의 현실에 대입하자면 상당히 급진적인 주장이라고도 할 수 있겠다. 그러나 이번 윤석열 정부의 비상계엄은 극단적이고 급진적인 현상이 아니었다고 할 수 있는가? 이런 급진적이고 극단적인 내란 시도가 만에 하나 성공하였을 경우 당장 이 책이 세상에 나올 수 있었겠는가? 필자를 포함한 전 국민이 결코 평범한 일상을 영위할 수 있었겠는가? 지금 우리는 어쩌면 살면서 다시는 보고 겪을 수 없는 수준의 심대한 국가적 위기를 마주하고 있다. 이러한 상황에서는 과감하면서도 그 진보성이 뚜렷한 사회 변혁은 필연적인 개혁에 가까운 것이며 그 진보적 사회 변혁의 시작은 라이시테, 즉 강력한 세속주의의 확립으로부터 시작한다고 필자는 확신하고 있다. 그렇다면 라이시테가 실현되기 위해서는 어떠한 구체적 제도 개선 및 인식 개선이 동반되어야 하는 것인가? 라이시테가 프랑스어 단어에서 시작된 개념이라서 어렵게 받아들여질 수도 있지만 생각보다 그 대원칙이 간단한 편인데, "절대로 공적인 영역에서 종교가 등장하여서는 안 된다."라는 원칙이 철저히 지켜지도록 하는 사회를 만들면 된다. 이러한 라이시테의 원조라 할 수 있는 프랑스의 사례를 들어보자면, 프랑스 공화국 헌법 "제1조"에서부터 프랑스는 불가분적, "비종교적", 민주적, 사회적 공화국이라는 내용을 명시하며 강경한 세속주의 원칙을 국가 이념 중 하나로 채택하고 있다. 공공장소에서의 종교적 상징물 및 종교 포교가 금지되며, 자유통일당, 기독대한당 등과 같은 종교정당 및 종교색이 짙은 정당은 프랑스와 같은 라이시테가 시행되는 국가에서는 엄격히 금지된다. 아니 존재할 수가 없어야 하는 수준이다. 물론 프랑스의 라이시테 원칙은 당연하게도 기성 종교계와는 강력한 갈등이 생길 수밖에 없는 상황이며 실제로도 그래왔지만, 필자가 상술한 내용 중 하나인 "미비한 정교분리 의식이 내란 세력에게 힘을 보태면서 결국 내란의 힘으로까지 발전한 점"을 고려할 때 이러한 라이시테는 잘만 시행된다면 내란의 힘으로부터 한국 정치와 사회가 영원히 이별하게 만들 수 있는 중대한 긍정적 변곡점을 만들 수 있는 개혁 중 하나가 될 수 있다고 필자에게는 받아들여지고 있다. 이번 12.3 내란은 다분히 사이비성을 띠는 종교 극단주의가 정치 극단주의라는 사이비 신앙을 만들어 낸 격이라 요약해도 될 정도로 세속주의의 미비, 미흡과 그 연관성이 매우 밀접함을 여실히 보여주고 있기 때문이다. “종교의 자유”는 민주주의와 민주공화국의 기본이지만 “종교가 정치에 개입할 자유”는 민주주의와 민주공화국의 어디에도 없어야만 한다. 그것이 필자의 참으로 오래된 생각이다.

내란의 힘으로부터 한국이 영원히 이별하기 위하여 이룩해야만 할 당면 과제 중 두 번째로는 바로 진정한 정치적 “보수”와 “진보”의 확립이다. 필자는 비록 정치적 성향에 있어 보수주의자가 아니라는 것을 확실하게 단언할 수 있겠으나, 한국 사회에서 보수란 거의 “반동, 시대적 역행” 수준의 무언가를 의미하고 “진보”라 함은 중도 보수 내지는 빅 텐트 수준쯤 되는 무언가를 의미하며, 사전적 의미의 “진보”를 찾으려면 한국 사회 기준 “보수” 진영에서 거의 “빨갱이”라고 부르는 수준 그 이상까지 거슬러 올라가야만 간신히 찾아볼 수 있는 것이 현실이다. 그리고 이러한 인식적 오류의 원인은 아직 한국 사회에 사전적 의미의 보수 정치 이념이 자리 잡지 못했고 이에 따른 부작용이 정치적 이념 확립의 미비로 이어지고 있는 현상에서 기인한다. 이러한 오류가 수정되지 않는 한 내란의 힘은 그저 “보수”라는 명목 아래 그 힘을 다시 스멀스멀 키워 다시금 선동과 날조로 우리들의 눈앞에 또 다른 내란 획책이라는 형태로 등장할 수밖에 없을 것인바, 과연 진정한 정치적 “보수”와 “진보”의 확립을 어떻게 이루어내야 하는지 필자의 견해를 서술해 보고자 한다.

우선 정치와 사회적 이슈를 논의하는 것에 있어, 우리 개개인 모두 정당 중심의 사고관을 가지는 것을 최대한 지양하고 적극적으로 피해야만 하며 자신의 가치관을 기반으로 정치적 이상향을 설정하고 그 이상에 부합하는 정당을 '선택'하는 구도로, 즉 "이념 중심적 정치관"을 앞으로 시민 개개인에게 더더욱 부각해야 할 필요성이 있다. 개개인의 정치적 이상향이 교조주의적 형태로써 지지하는 정당에 종속되어 가는 현재의 '한국식' 정치적 양극화, 소위 '양당화'는 결국 수구와 반동을 보수로 만들었고, 중도보수를 진보로 만들었으며, 진보 성향을 "빨갱이 극좌"로 만드는 데에 혁혁한 공을 세우기에 이르렀다. 그리고 사전적 의미의 수구, 반동이라는 개념에 완벽히 부합하는 세력이 보수라는 가면을 쓴 채 내란을 일으키고, 또한 내란을 지지하며 다시금 본색을 드러내고 있음에도 불구하고 "가짜 보수"라는 개념을 쉽사리 인정하지 않으려는 '양당화'와 '양비론'이 완전히 깨지기에 참으로 요원한 분위기가 형성되고 있음을 보면 우리 모두 한국 정치를 그간 지배하고 있던 정당 중심적 사고관에 대한 경각심을 가져야 할 필요가 있음이 더욱 명확히 드러나는 대목이다. 필자는 이러한 정치관의 오류 현상을 한국 정치와 사회가 극복하기 위해서는 우선 정당 정치의 본질적 근본이라 할 수 있는 시민단체, 특히나 청소년/청년 시민단체의 설립 및 활동에 대해서 정치권을 포함한 우리 사회가 물심양면으로 지원하여야 할 필요성이 대두된다고 판단한다. 청소년/청년들이 주도하는 시민단체들은 기본적으로 선거 결과의 성공이라는 결과를 필연적으로 추구해야만 하는 정당과는 다르게 순수하게 특정한 사회적 쟁점에 대해 다수의 보편적 고정관념에서 벗어난 혁신적 관점과 진보적인 해결책을 제시하고, 이를 공론화하는 데에 유리하다는 매우 큰 장점이 있다. 또한 이러한 단체들이 지속하여 성장하는 것은 한국 정치에 장차 그간 묻혀 있다시피 했던 의제들을 정치권에 떠오르게 하는, 소위 "단일쟁점정당"이 다수 형성되는 것에도 큰 도움이 된다. 이렇게 다양한 시민단체와 정당이 등장하는 현상은 곧 생산적이고 원칙적이며 또한 사전적인 정치 이념과 사회 의제에 대한 비판과 토론이 보편화되는 것으로 이어지면서 자연스레 내란의 힘이라고 할 수 있는 "정보 검증의 미흡"이라는 암적 면모를 크게 줄일 수 있고, 곧 올바른 정보에 기반하는 정치 이념이 형성되는 것에 아주 지대한 도움이 된다고 필자는 판단한다. 아울러 시민단체와 정당의 연계를 논할 때 필자가 반드시, 절대 빼먹지 않고 반드시 조속히 이루어져야 한다고 주장하는 법제 개혁이 하나 있는데 바로 정당법의 개정에 해당한다. 한국의 정당 창당 요건은 그야말로 하늘의 별 따기이다. 500명도 1000명도 아닌 5000명을 요구하고, 그것도 전국구로 광역자치단체 5개 통틀어 각각 천 명 이상이라는 어려운 조건까지 추가로 요구하는 것이 현실이다. 그 와중에 중앙당사는 반드시 서울에 있어야 한다는 규정은 덤이다. 이러한 환경에서 필자가 언급한 시민단체의 발전형인 단일쟁점정당이 많이 생겨나기를 기대할 수는 없다. 냉정하게 보통 시민단체의 시작이 수십 명 내지는 수 명인 것을 생각하면 5천 명의 당원 수를 요구하는 한국의 정당 창당 요건은 선진국 중에서도 이러한 경우를 찾아볼 수가 없을 정도로 지나친, 사실상 시민단체가 정당으로 발전하는 단계를 원천 차단하는 법제라고 보아도 틀리지 않은 것이 명백하다. 타국의 정당 창당 요건을 보면(민주주의가 제대로 작동하는 국가만 한정하여 예시를 들자면) 정당 정치의 원류 영국의 전국 정당 창당 요건이 당원 천 명 이상에 해당하는데, 이는 한국의 5분의 1 수준에 불과하다. 게다가 지역 단위 정당을 만들고자 한다면 창당에 필요한 당원의 수가 200명에 불과하다는 점은 더더욱 중요하다. 인구 2,300만 명의 대만은 전국 단위 정당 창당에 필요한 당원 수가 500명에 불과하기도 하다. 사실상 양당제로 굴러간다는 인구 3억 3천만 명의 미국은 1개 주에서 500명 이상의 당원만 모으면 정당 설립이 보장된다. 한국의 정당 창당 요건이 얼마나 까다로운 수준인지 쉬이 짐작할 수 있다. 더 극단적인 사례를 가져오자면 세계에서 인구가 가장 많은(최소한 13억 이상) 인도의 정당 창당 요건이 당원 100명이다! 물론 무조건 정당의 개수가 많아야 좋다는 이야기만을 필자가 반복하고자 하는 것이 아니지만, 정당 창당 요건이 지나치게, 너무 지나치게 어렵게 잡혀 있는 이상 순수한 이념적 이상향을 위한 청소년, 청년 정치는 그 시작부터 너무나도 큰 벽에 막혀 단 한 걸음의 진보조차 이룩하기가 어려운 환경이 절대로 개선될 수 없다는 점이 너무나도 명백하기에 필자는 이러한 정당법의 개정을 강조하지 않을 수 없다고 여긴다. 그리고 정당을 창당하는 데에 있어 필요한 당원의 수를 줄이는 것과 반대되는, 오히려 더욱 엄정한 심사를 거쳐야 하는 부분이 필자가 생각하기에는 있는데 그것은 바로 종교와 정당의 완전한 분리이다. 필자가 이전 문단에서 서술하였듯이 라이시테가 시행되는 국가에서는 종교정당의 활동을 원천적으로 금지, 봉쇄하는데 이는 종교를 개인과 가정의 영역으로 한다는 원칙에 근거한다. 필자는 라이시테의 실현이 내란의 힘을 항구적으로 무력화하는 데에 있어 반드시 가장 강력히 추진해야 하는 개혁이라고 확신하기 때문에 정당 창당의 요건이 필요 당원 수는 줄이고, 종교색은 더욱 엄격히 금지하는 방향으로 반드시 개선되어야만 한다고 필자는 생각하는 바이다. 그래야만 필자가 언급한 라이시테가 진정한 의미로 실현될 수 있을뿐더러 시민단체가 정당으로 발전하여 그 담론을 꾸준히 주장하는 형태, 즉 정치의 본질적 진보를 가장 빠르게 촉진할 수 있기 때문이다. 이 역시 필자의 오래된 생각이다.

아울러 내란 세력의 단죄라는 1차 목표를 넘어서 내란의 원동력이자 가장 강력한 힘을 제거해야 한다는 2차 목표를 달성하기 위한 마지막 퍼즐은 바로 내부 고발, 양심선언에 대한 적극적 보호 조치의 확립에 해당한다. 이번 12.3 내란에 대한 청문회, 탄핵 심판 등등의 현장을 전 국민이 생방송으로 지켜볼 수 있었는데, 가령 국회 청문회에서 내부 고발과 양심선언을 기꺼이 증언한 바 있는 군 인사들이 탄핵 심판에서는 진술을 바꾸는 등의 행위가 있었다는 점을 예로 들어볼 수가 있다. 게다가 탄핵 심판 도중 당시 계엄사령부의 지시로 국회 본청 및 선거관리위원회 등지로 투입되거나, 군 투입을 지휘했던 지휘관들에게 회유, 협박 등 다양한 수단이 동원되는 등(곽종근 특전사령관의 부인이 공개한 문자와 녹취록이 대표적이다) 당장 이번 내란 사태에서조차 내부 고발, 양심선언에 대한 보호가 제대로 이루어지지 못하고 있다고 분석된다. 그리고 실제 기자회견을 통하여 계엄령 당시 상황을 구체적으로 발언했던 김현태 특수임무단장의 위증 논란이 불거지고 있는 것을 보면 이러한 보호 조치의 미비가 내란 세력 단죄를 막고 있는 중대한 요소로 작용하고 있다는 것을 더욱 확실히 알 수 있는 것이다. 물론 상명하복적 질서의 전형적 예시를 보여주는 군 장교들인지라 그러한 문제가 더욱 심각하게 받아들여지는 감은 없지 않으나, 비단 군 내부뿐만이 아니라 한국 사회는 내부 고발과 양심선언을 전혀 보호하지 못하고 있는 사회에 해당한다. 게다가 이 문제는 그 역사가 대한민국 현대사를 통틀어 단 한 차례도 총체적으로 개선된 적이 없으며 그 폐해는 감히 우리가 셀 수도 없다고 봐도 무방하다. 그 심각성이 실로 또 다른 총체적 난국이라고 할 수 있겠다. 이러한 문제의 해결은 결국 "부당한 명령"에 대한 불복종이란 개념이 너무나 추상적이고, "뭐가 정당하고 뭐가 부당한 명령이라는 건지 모르겠다"라는 의문을 부조리한 명령을 듣는 순간마다 떠오르게 만드는 현상을 반드시 개선해야 한다. 이러한 불복종 행위는 당연하게도 평소에 쉽게 접할 수 있는 개념이 아닌데다가 무엇이 부당한 명령인지, 그 부당한 명령이란 범위에 해당한다면 반드시 불복종해야 하는지, 이러한 의문에 대한 명확한 확신을 주게 하는 구체적인 규정이 부재한 상황에서 과감히 실행할 수 있는 행동 또한 아니기 때문이다. 섣불리 자의적으로 판단하여 불이익을 받을 수가 없는 대다수 조직 생활의 현실과 사람인 이상 어쩔 수가 없는 보신주의적 심리를 냉정히 직시하여야만 명령 불복종의 경우의 수를 구체화해야 한다는 결론에 이를 수가 있는 것이다. 특히나 "부당한 명령"이라 함은 칼같이 재단하기가 대단히 어려운 요소에 해당한다는 맹점으로 인해 헌법과 법률을 숙지하는 동시에 정의감과 사명감이 투철한 수준에 이른 경우가 아니라면 불복종의 선례조차 찾을 수 있는 경우가 드물고, 따라서 상당 부분을 "양심"이란 개념에 의존하고 있는 형국이다. 그런데 그 양심이란 개념은 개인의 편차가 상당한 주관적 기준에 가까우므로 뭘 어떻게 봐도 "명확한" 기준이라고 볼 수가 없으며 이런 명확한 규정의 부재는 부당한 명령에 불복종하지 못하는 현상으로 그대로 이어지고 있다. 그리고 부조리에도 별달리 저항할 수단이 없는 현실이 부조리의 일상화라는 형태로 쌓이고 또 쌓이면 종국에는 12.3 내란과 같은 현상으로 이어지는 것이다. 또한 명령 불복종이라는 개념을 다루는 법제 내지는 부당한 명령을 규정하는 법제가 설령 있다 하여도, 대다수는 이를 항상 전부 외우거나 숙지하고 다닐 수 없으며 이를 모두에게 기대하는 것은 현실적으로 어렵다는 사실 역시 우리가 제도 개혁 과정에서 고려해야 할 중대한 변수에 해당한다. 단순히 불복종, 양심선언, 내부 고발 등등에 대한 법과 규정만 만들고 끝낼 수준의 일이 절대 아니다. 이를 지속하여 정말 "귀에 못 박힐 때까지" 끊임없이 상기시키고 또한 강조하여야만 다시금 부당한 명령이 대한민국 헌정질서를 덮쳤을 때 기꺼이 법과 규정, 양심에 따른 불복종이라는 헌법 수호, 민주주의 수호를 위한 안전장치를 정상 작동시킬 수 있을 것이다. 그리고 그러한 안전장치의 정상 작동은 곧 내란의 힘이 다시 한국 사회에 등장하여 그 위세를 떨칠 기회를 완전히 꺾어버릴 수 있는 마지막 퍼즐 맞추기라고 필자는 생각한다.

지금까지 필자가 언급하고 서술한 내용들은 단기적인 대책보다 중장기적으로 우리가 생각하고 추진해야 할 제도 개혁 플랜에 가깝다. 그렇다면 작금의 단기적 문제를 해결할 수 있는 유일한 방법인 "내란 세력에 대한 단죄"는 어떠한 방법으로, 어떠한 정도로 추진되어야 내란의 힘이 재림할 수 있는 싹을 잘라낼 수 있을까? 장고 끝에 단 한 가지의 방법을 거론하지 않을 수가 없을 것이며, 실제로 시민들에게 대단히 큰 공감대를 형성하고 있는 한 방안이 있다.

4-2) '위헌정당해산' 심판

위헌 정당 해산 심판, 이것이 바로 그 방안이다. 그야말로 12.3 내란 사태 이후 탄핵, 파면 시위에 참석한 모두가 입에서 입으로 구호를 외치며 주장하고 또한 관철하는 것이기도 하다. 그렇다면 이러한 위헌 정당 해산 심판의 대상이 되어야 할 정당은 어디인가? 독자 여러분 모두가 예상하였겠지만 바로 국민의힘과 자유통일당이라고 사실상 확실하게 단언할 수 있을 것이다. 그 이유는 헌정사상 대한민국에서 위헌 정당으로 해산된 사례는 통합진보당이 유일하며 주요 사유는 "내란 음모"와 "내란 선동"이다. 그리고 현재 국민의힘과 자유통일당이라는 두 정당을 반드시, 무조건 통합진보당에 적용되었던 내란 음모와 내란 선동 혐의를 똑같이 적용하여 해산시켜야만 대한민국의 헌정질서를 항구적으로 유지할 수 있을 거라고 필자는 확신한다. 이미 국민의힘과 자유통일당의 내란 음모, 내란 선동 행위들은 그 정도가 상당히 극단적이고, 철저한 계획하에 실행되었으며, 그러한 일련의 행위들이 일관되게 가진 목적 역시 철저히 내란 음모, 내란 옹호, 내란 선동에 있다는 것을 이제는 민주시민이라면 가히 모를 수 없는 수준에 이르렀다. 필자는 이제부터 국민의힘과 자유통일당이 도대체 왜 위헌 정당인지, 왜 해산되어야 하는지, 왜 이 두 정당을 해산해야만 헌정질서를 수호하고 대한민국의 민주공화국 체제를 공고히 할 수 있다는 것인지 아주 구체적으로, 하나하나 자세히 서술해 보고자 한다.

첫 번째 키워드: 12.3 내란 옹호, 그리고 국민저항권 선동

"국민저항권은 헌법 위에 있습니다."

필자는 최근 들어 이 문장 하나를 듣고 그야말로 개탄스러움에 기가 차지 않을 수 없었다. 세상 어느 천지에 헌법보다 상위에 존재하는 국민저항권이 있는가? 헌법이란 그 자체로 국가의 최상위에 있는 법으로 마땅히 그 누구라도, 어떠한 경우라도 헌법 앞에서 반드시 평등해야 하며 이는 엄정히 지켜져야 한다. 물론, 공권력의 행사가 민주적 기본 질서를 본질적으로 침해하고 민주주의를 파괴하려 하며 이러한 국헌문란 행위 및 민주 공화정의 취지에 정면으로 역행하는 국가권력의 국민 탄압 행위를 저지하고 민주적 기본 질서를 회복하기 위해서 폭력/비폭력, 적극적/소극적 여부와 무관하게 "국민"의 저항권 발동이라는 선택지를 반드시 택해야 하는 상황이라면 이는 헌법재판소가 직접 명문화한 국민의 "저항권 발동의 조건"에 해당하기 때문에 그 저항권은 민주적 기본 질서의 유지, 회복 이외의 정치, 사회, 경제적 체제를 개혁하기 위한 수단으로 인정되지 아니한다는 전제하에 인정될 수 있기는 하다. 그러나 우리는 동시에 대한민국 헌법 제1조 1항과 2항에 각각 명문화된 내용이 무엇인지를 살펴볼 필요가 있다.

"대한민국은 민주공화국이다."

"대한민국의 주권은 국민에게 있고, 모든 권력은 국민으로부터 나온다."

애초에 국가권력과 공권력이 민주적 기본 질서를 중대하게 침해하려면 이 대한민국 헌법 제1조부터 반드시 어기고 들어가야 하는 구조이다. 한 마디로 민주주의를 무너뜨리고 독재 체제를 만들기 위해 작정하고 결행하는 모든 시도는 무엇이 되었건, 실행하는 주체가 누가 되었건 간에 헌법을 처음부터 어기고 들어갈 수밖에 없으므로 민주주의 국가에서, 현재 대한민국에서 헌법을 위반한 세력에 대한 국민저항권은 존재할지언정 헌법 위에 있는 국민저항권 따위는 결단코 존재할 수가 없다. 헌법을 준수하면서 민주적 기본 질서를 침해한다는 개념 자체가 시작부터 모순된 개념일 수밖에 없는 구조인데 어떻게 헌법과 무관한 국민저항권이 존재할 수가 있단 말인가? 애초에 헌법을 위반하면서 권력을 차지하려는 세력이 없다면 절대로 성립할 수가 없는 개념이 국민저항권이고, 따라서 헌법 위에 있는 국민저항권이라는 주장은 논할 가치조차 없는 궤변이나 다를 바 없는 셈이다. 물론 이번 12.3 내란의 핵심은 바로 헌법을 위반해 가며 독재적 권력을 수립하고 대한민국을 유신 시대로 되돌리려는 세력들이 자신들의 본 목적을 철저히 숨긴 채 선거에서 승리하여 공권력을 차지하고, 그 공권력을 행사하여 민주적 기본 질서를 무력화하려는 시도를 기어코 결행하였다는 점에 있지만, 결국 민주주의를 무너뜨리려던 세력은 민주주의와 민주적 기본 질서의 틀 안에서 단죄되었거나 단죄되는 중이다. 그리고 그들이 주장하는 국민저항권은 "위헌, 위법적인 비상 계엄령을 결행하여 민주공화국 체제를 본질적으로 무너뜨리려 한 세력"을 옹호하고 "우리의 집단적 결집력을 사용하여 지금의 국가 체제를 전복하고 우리와 반대되는 정치세력을 모두 척결하자"와 같은 극단적인 주장을 뒷받침하는 수단으로 사용되고 있을 뿐만이 아니라 "헌법에 의하여 설치된 국가기관을 강압에 의하여 전복 내지는 권능행사를 불가능하게 할 목적으로" 폭동, 소요 사태 등등의 위헌, 위법 행위를 헌법 위 저항권이랍시고 그럴듯하게 포장하며 "국헌을 문란하게 할 목적으로 폭동을 일으키려 드는" 것을 정당화하는, 형법 제87조, 제91조에 적시되어 있는 내란의 요건, 국헌문란의 정의와 정확히 똑같은 행위에 사용되고 있다. 따라서 그들이 주장하는 국민저항권이란 대한민국의 민주주의와 민주 공화정 체제를 자신들이 결집하여 끝내 무력으로 무너뜨리겠다는 제2, 제3의 내란을 음모하고 선동하는 것과 본질적으로 다르지 않은 것이다. 그리고 그러한 제2의 내란을 시도하려는 정황은 이미 서울서부지방법원 점거 폭동의 실행이 비단 우발적인 분노에서 시작하지 않고 사전에 디시인사이드 등의 커뮤니티에서 서부지법, 헌법재판소 건물의 설계 도면을 올린 게시글이 게시, 공유되고 이를 토대로 판사실이 있는 층을 파악하고 바로 올라가 판사를 찾으려 드는 등의 계획적 점거 폭동으로 이어졌다는 점에서 더더욱 명백하다. 그렇다면 혹자는 이렇게 질문할 것이다. "서울서부지방법원 점거 폭동이 소요죄에 해당할지언정 내란죄에 해당될 수 있는가?"라고 말이다. 필자는 더욱 소리를 높여서 서울서부지방법원 점거 폭동 또한 12.3 내란의 연장선에 위치하는, 제2의 내란이라고 못 박아야 할 필요성이 다분하다고 주장한다.

필자의 주장은 절대로 12.3 내란의 핵심인 비상 계엄령만을 내란으로 국한할 수는 없으며 서울서부지방법원 점거 폭동 사태 역시 별개의 내란이고 이를 주도, 선동한 자들은 내란 음모, 내란 선동의 혐의를 받아 마땅하다는 것인데, 그 이유는 우선 상술한 형법 제87조와 형법 제91조에 적시되어 있는 내란의 요건과 국헌문란의 정의 부분에 있다. 서울서부지방법원 점거 폭동은 철저히 내란의 죄와 맞닿아 있는 모습을 보인다. 법적으로 아무 문제가 없으며 현직 대통령의 불소추 특권에도 해당하지 않는 내란죄 피의자 윤석열의 구속영장 발부라는 사법부의 적법한 권능 행사를 무력으로 불가능하게 할 목적을 가지고, 심하게는 사법부의 일부를 전복시키려는 목적까지 가진 채 철저한 계획하에 집단이 동원된 소요를 법원이라는 헌법기관에 막대한 피해를 초래하는 방식으로 실행하였으므로 이를 형법상의 내란이라고 보지 못할 이유가 전혀 존재하지 않는다. 그렇다면 이러한 내란 행위와도 같은 대규모 소요를 누가 주도하였을까? 당연히 사랑제일교회와 자유통일당과 전광훈이라고 우선 못 박을 수 있다. 필자가 개탄스러운 문장이라고 언급한 "국민저항권은 헌법 위에 있다"라는 발언이나 "우리는 윤 대통령도 구치소에서 데리고 나올 수 있다"라는 발언은 모두 전광훈이 이번 폭동 당시 극렬 지지자들을 선동하여 폭도로 만드는 과정에서 나온 발언들이기 때문이다. 실제로 일부 시민단체가 전광훈을 내란 선동/선전 혐의로 고발하여 결국 내란 선동 혐의 피의자로 입건되기까지 하였으니, 이번 서부지법 폭동은 명실상부한 내란으로 공인되는 과정을 천천히 밟아 나가고 있다고 간주해도 무방하다. 내란 선동, 옹호는 모두 정당 해산 사유의 하나로 간주할 수 있으므로 이것만으로도 전광훈과 사랑제일교회의 영향이 100퍼센트인 자유통일당은 당연히 해산되어야 마땅하다. 그렇다면 국민의힘은 이번 서울서부지방법원 점거 폭동에 어떠한 영향을 행사하고 있길래 위헌정당으로 취급되고 있는 것일까? 이는 12.3 내란 사건의 연장선이 서부지법 점거 폭동인 것이 영향을 미치기도 하지만 결정적으로 국민의힘과 국민의힘 소속 국회의원들마저도 이러한 점거 폭동을 명확히 위헌, 위법, 내란 행위로 규정짓지 아니한 채로 폭도들이 석방될 것이라거나, 경찰의 과잉 진압이 초래한 잘못이 있다거나, 법원과 헌재를 모조리 때려 부숴야 한다거나 같은 상식 밖의 폭동 옹호 언행들을 당 중진들이 집단으로 쏟아내며 사실상 제2의 폭동, 제2의 내란을 선동하는 짓을 반복하고 있기 때문이다. 대표적으로 국민의힘 윤상현 의원은 폭동 전날부터 서부지법의 담을 뛰어넘어 침입한 17명에 대해 훈방 또는 석방될 것이라면서 애국시민께 감사드린다는 폭동, 내란 옹호 발언을 서슴지 않았으며 곽규택 의원은 법원도 빌미를 제공한 것 아니냐는 망발을 펼쳤고, 김혜지 서울시의원 역시 JTBC 기자와 극좌 유튜버가 폭동을 선동했다는 사실무근의 선동을 펼쳐가며 폭도들을 옹호하는 행태를 보였다. 이를 결코 “당원 일부의, 개인의 일탈일 뿐 당 전체와는 관계가 없다”라고 말할 수 있는가? 필자가 보기에 절대 관계가 없다고 말할 수 없는 수준이다. 이런 비상식적 발언들을 쏟아내는 사람들이 한두 명 수준도 아니고 당의 주요 인사가 아니라고 할 수도 없을뿐더러, 이러한 내란 선동, 옹호적 행위를 당 차원에서 규제하거나 강경하게 조치하지도 않고 있기 때문이다. 게다가 이는 비단 서부지법 폭동 사태에 국한되는 태도가 아니라 이 폭동의 원인인 12.3 내란 사태를 대하는 국민의힘의 태도에서도 공통적인 발언들이 속속 드러나고 있었으므로, 사실상 헌정질서 수호와 사법부 존중이라는 기본적 책무를 내다 버린 것이라고 분석하여도 무방하다. 혹자는 이번 비상계엄이 내란이라는 근거가 없지 않냐고 질문할 수도 있지만, 비록 윤석열 정부 비상계엄 사태를 “대법원이 내란죄, 즉 내란 행위라고 확정하여 판결하지 않았을 뿐” 대법원과 더불어 한국의 최고재판소로써의 권위를 가지는 헌법재판소가 윤석열이 감행한 비상계엄의 위헌, 위법성과 내란, 친위 쿠데타 요소를 그대로 인정하는 결정을 하였기에 12.3 비상계엄은 2025년 4월 4일 오전 11시 22분부터 국가 공인 내란으로 사실상 인정되는 셈이 되었다. 헌법재판소는 이번 12.3 내란 사태에 대하여 탄핵 심판 결정문에서

“피청구인이 민주주의에 헤아릴 수 없는 해악을 가한 것이라 볼

수밖에 없습니다."

"군경을 동원하여 국회 등 헌법기관의 권한을 훼손하였고"

"계엄 선포에 그치지 아니하고 국회의 권한행사를 방해하는 등의 헌법 및 법률 위반 행위로 나아갔으며"

"국군의 정치적 중립성을 침해하고 헌법에 따른 국군 통수 의무를 위반하였습니다."

"국회 등 헌법기관의 권한을 훼손하고 국민의 기본적 인권을 침해함으로써 헌법 수호의 책무를 저버리고 민주공화국의 주권자인 대한국민의 신임을 중대하게 배반하였습니다."

라는 구체적이고 상세한 12.3 내란 사태의 위헌, 위법성을 적시하였으며

"재판관 전원의 일치된 의견으로 주문을 선고합니다."

"주문. 피청구인 대통령 윤석열을 파면한다."

라는 주문을 통해 12.3 비상계엄의 위헌, 위법성을 단 한 치의 반대 의견 없이 모든 탄핵소추 사유를 그대로 인정하였다. 동서고금을 막론하고 국가의 주권자를 무력으로 갈아 치우려는 행위는 이유를 막론하고 내란, 반란으로 일컬어졌다. 따라서 민주공화국의 주권자인 대한국민의 신임을 중대하게 배반하고 민주주

의에 헤아릴 수 없는 해악을 가한 행위가 내란이 아닐 수 없다. 아니라고 주장하는 것 또한 있을 수 없다. 그리고 윤석열은 이번 12.3 비상계엄이 실패로 돌아간 직후 내란 수괴로 지목받고 또한 내란우두머리 혐의로 인해 기소되었으며 그에 따라 체포영장이 적법한 절차를 거쳐 청구되고 발부된 것에 대한 반발로써 대한민국의 사법 체계를 뿌리째 뽑아 무너뜨리려는 목적의 일환으로 진행된, 12.3 내란의 연장선이자 제2의 내란으로 지목되는 것이 서부지법 폭동인데 국민의힘은 서부지법이 체포영장을 발부하자마자 일찌감치 "법원이 발부한" 체포영장이 "법을 위반한 체포영장이라며" 불법이고 무효라는 권성동 '원내대표'의 발언부터 시작해서 권력자라 피해를 보는 상황이라 주장하는 등의 망발을 쏟아내거나, 체포영장 저지를 위해 수십 명에 달하는 국민의힘 국회의원들이 한남동 관저 앞에 나가 체포를 저지하겠다며 마이크를 잡는 등 사법부에 대한 존중 따위는 바닥에 집어 던진 듯한 행태를 폭동 이전에도, 이후에도 지속하여 자행해 왔다. 이것이 어떻게 조직적인 내란 옹호가 아니 될 수 있으며 내란 선동이 아니 될 수가 있는 것인가? 이로써 내란으로 인해 해산되어야 할 정당은 결코 서부지법 폭동 사태를 실질적으로 주도한 자유통일당에 국한되어서는 안 된다는 사실을 손쉽게 알 수 있으며, 실제로도 시민들은 거리에 나와 "국민의힘 해체하라"라는 구호를 외쳤다. 또한 국민의힘 지방 당사 곳곳에는 '내란의힘'이라는 현수막이 내걸렸다. 따라서 국민의힘이 내란 옹호적 행위들을 자행하였기 때문에 위헌 정당으로 해산되어야 한다는 견해가 비단 필자 개인의 생각에 그치지 않고, 대한민국의 헌정질서와 민주공화국으로써의 국체를 항구히 수호하기 위해 반드시 수반되어야 할 절차라는 것에 대한 공감대가 광범위하게 형성되어 있다는 것을 알 수 있다. 또한 지난 통합진보당 해산에 비추어 보아도 내란 음모, 선동에 그친 정당이 해산되었으니 실제로 내란을 결행한 정당이 해산당하는 것은 논리적으로 당연하다는 분석이 지배적이다. 내란을 윤석열이 계획하고 실행했지 국민의힘이란 정당이 실행한 것은 아니지 않느냐고 혹자는 질문한다. 그러나 저 질문은 윤석열이 내란을 일으킨 시점부터 파면되는 그 순간까지 "국민의힘 당적이 아니었던 기간이" 단 1초도 없다는 사실을 간과하였다. 더군다나 윤석열은 국민의힘이 배출한 대통령이라는 점에서 사실상 당의 최고 중진 격이라고 볼 수 있으며 실제로도 숱한 당무 개입을 시전하였다는 것을 볼 때 명백하다. 또 다른 혹자는 국민의힘 "당 지도부"가 내란을 직접적으로 획책하였다는 근거가 부재하므로 국민의힘이 해산될 근거가 없다고 주장한다. 그러나 통합진보당의 해산에 가장 큰 원인이 된 이석기가 당시 통진당의 대표였는가? 아니다. 그렇다면 당 지도부였는가? 아니다. 당시 당 대표는 이정희였으며 원내대표는 오병윤이었기 때문이다. 하지만 "통진당 소속 국회의원이" 내란 선동을 주도하였다고 판단되었으므로 최종적으로 통진당이 해산 절차를 밟게 된 것이다. 윤석열은 내란을 일으킬 당시 엄연히 국민의힘의 당적을 보유하고 있었다. 결코 당적을 포기하고 내란을 획책하지 않은 것이다. 그러니 통진당이 내란 선동이라는 사유로 인해 위헌 정당으로 해산된 전례를 고려하면 실제로 내란을 일으킨 내란 수괴를 당원으로, 그것도 자신들이 추대하고 당선시킨 대통령이라는 최고 중진의 지위를 국민의힘 당적을 보유한 상태로 차지하고 있었던 이상 국민의힘은 절대 위헌 정당, 내란 정당이라는 오명에서 원칙적으로 벗어날 수 없어야만 한다. 게다가 일찌감치 탄핵소추에 상당한 소속 국회의원들이 찬성하고 박근혜를 곧장 당에서 출당시켰던 자유한국당 시절과는 달리 파면이 결정될 때까지 윤석열을 당에서 출당 조치하기는커녕 소속 국회의원들이 내란을 옹호하는 행위를 서슴지 않고 주도하고 심지어 탄핵 찬성을 표방하는 당내 당원/의원들을 압박이나 하고 있었으니 더더욱 그렇다. 게다가 이는 단지 국민의힘과 자유통일당이 위헌 정당 해산 심판을 받아야 하는 첫 번째 이유일 뿐이다.

두 번째 키워드: 전혀 청산되지 않은 당내 독재의 망령

> "민주공화국의 주권자인 대한국민의 신임을 중대하게 배반하였습니다."

헌법재판소가 윤석열을 파면한 결정 요지 중 일부이다. 이를 통하여 윤석열은 대한민국의 주권자인 대한민국 국민의 신임을 배반하였다는 것이 공식적으로 인정되었으며 주권자의 신임을 정면으로 배반한 내란 수괴를 명백히 파면 직전까지도 옹호하였던 국민의힘과 자유통일당 역시 대한민국이라는 민주공화국의 주권자인 대한국민의 신임을 배반하고, 대한민국의 정당으로써 마땅히 져야 할 헌법 수호의 책무를 저버리고 있다. 그리고 이 두 정당이 거리낌 없이 헌법 수호의 책무를 내다 버릴 수 있었던 배경에는 당 내부의 독재 망령을 결국 타파하지 못한 채 종국에는 그 망령에 당권을 장악당하고 독재적 야욕을 품은 세력들의 입맛대로 움직이는 정당으로 변질된 현실이 크게 작용하였다고 필자는 분석한다.

독재의 망령, 대관절 그 실체는 어디에 있는 것인지 필자 역시 오랜 시간 동안 의문을 가지고 있었다. 분명히 국민의힘은 "민정당계"라고 불리는 특유의 역사를 이어오고 있는 것이 사실이고 자유통일당은 애초에 그 시작부터 민주주의와 정교분리라는 개념이 사실상 부재한 채 시작된 정당임이 확실하지만 결국 저런 요소들도 당내 일부 극단주의자들의 준동일 뿐 대한민국에 다시금 독재의 망령이 살아나 국민을 충격에 빠뜨리고 정치, 경제, 사회, 문화에 대혼란을 야기하는 일만큼은 없을 것이라고 필자도 믿어 왔다. 단지 그 믿음이 2024년 12월 3일 밤에 판판이 깨졌을 뿐이다. 그리고 서부지법이 폭동으로 크나큰 피해를 입게 된 그날로부터 필자는 이 두 정당이 독재의 망령에 잠식당했다는 것을 확신하였다. 물론 자유통일당의 본체라고 볼 수 있는 사랑

제일교회와 같은 사이비성을 가진 대형 교회들이 앞다투어 선동과 날조를 이어가면서 국민의힘 정당의 지지세를 키워 올린 점도 문제지만, 필자가 생각하는 메인 이슈는 그런 선동과 날조를 국민의힘 정당 소속 정치인 대부분이 방기하거나 방조, 내지는 노골적으로 지지하기까지 하며 그들의 선전 선동에 영합하려는 움직임을 최소한 윤석열 정부가 출범한 이래로는 항상 보여 온 것에서 시작된다. 제아무리 선전 선동이 판을 치더라도 이를 대한민국의 정당이라면, 원내 정당이라면, 정부 여당이라면 사실에 기반하는 체계적 근거를 바탕으로 막을 필요가 있으며 실제로 20대 대선 당시까지만 해도 국민의힘과 윤석열 후보는 선거 포스터에 부정선거는 없다는 내용을 담으면서 적극적으로 음모론의 생성을 막는 듯 보였다. 그러나 윤석열 정부가 출범한 이후로 국민의힘은 온갖 선동과 음모론에 대해 "구별을 못하는 건가"라는 의문이 들 정도로 적극적인 음모론 옹호에 나서기 시작했고 자연히 해당 음모론의 목적은 그들이 그토록 외쳐 오던 "자유민주주의"의 탈을 쓴 반민주적, 반헌법적, 독재적 사회의 건설을 실질적으로 목표하는 것임에도 불구하고 자신들의 목표는 기득권, 당권 사수일 뿐이라는 듯한 모습을 보이면서 도리어 지지층을 극단주의에 경도시키는 데에 앞장선 것이다. 그리고 국민의힘과 자유통일당이 지지층을 점차 음모론에 물들게 방치 내지는 주도한 결과는 참혹했다. 이제 국민의힘과 자유통일당에서는 12.3 내란을 "계몽령"이랍시고 지지하면 주류이며 당내에서 생존할 수 있고 지지하지 않으면 비주류가 되어 당에서 나가라는 압박을 받아야 하는 아이러니가 발생하고 있으며, 그 두 정당의 지지층에서는 이제 윤석열, 아니 국민의힘이라는 1당과 자유통일당이라는 관제 야당으로 이루어지는 독재 체제를 진지하게 자유민주주의 체제라고 믿고 이를 당연하게 여기는 사람들이 속출하기 시작했다. 이제 그들은 더불어민주당을 포함해 자신들에게 반대하는 야당은 모두 위헌 정당이라고 진지하게 믿는 수준에 이르렀으며 실제로 헌법재판소가 내란 세력들이 주장한 그런 극단적인 논리들을 상세히 결정문으로 반박하였음에도 불구하고 전광훈 등 자유통일당 인사들이 끝까지 이에 불복하는 모습을 보이며 끝까지 지지층을 선동하는 것으로 간단히 짐작할 수 있다. 필자는 이전 문단에서 선전 선동의 무서움과 이를 이용하려는 여당 정치권의 행동들을 서술하였다. 결국 선동을 이용하려는 사람들과 선동을 당하는 사람들이 합쳐져서 "독재의 망령"이 내란이라는 최악의 형태로 되살아나고야 만 것이다. 그리고 특히 국민의힘은, 이준석 대표부터 김상욱 의원에 이르기까지, 이러한 독재의 망령을 척결하려는 시도가 꾸준히 이루어져 왔음에도 불구하고 사실상 그 망령을 척결하려는 사람들을 내쫓거나, 압박하여 당직에서 내려오게 하거나 둘 중 하나의 방법을 사용하여 주류에서 밀어내는 것을 택하여 독재의 망령이 당을 잠식하는 데에 크게 일조하였다. 그들을 밀어내고 당권을 차지한, 즉 주류의 위치를 채운 사람들의 면면을 살펴보면 대부분이 철저히 비상계엄 해제 결의안에 투표하지 않은 사람들이거나, 윤석열 탄핵소추안에 반대표를 던진 사람들이거나, 투표권을 행사하지 않아 투표를 불성립시킨 사람들이 차지하고 있는 형국이다. 그나마 국정농단의 최고 책임자인 대통령을 스스로 출당시키고 상당수의 당 소속 의원들이 탄핵소추안에 찬성표를 던지는 등 최소한 위헌정당으로 해산될 일만큼은 없을 정도의 자정 작용은 되었던 지난 새누리당 시절과 달리 작금의 국민의힘은 독재의 망령에 세뇌당한 내란 수괴를 헌법재판소가 파면한 그 순간까지 붙들고 있었으며, 국민의힘 소속 국회의원들은 집회에 나가서 공수처, 선관위, 헌법재판소까지 전부 불법과 파행을 자행한다느니 때려 부숴야 한다느니 하는 내란 선동성 발언을 쏟아내며 독재의 망령을 자처하고 있었다. 또한 국민의힘 국회의원들은 비상 의원총회를 열 때마다 한결같이 "탄핵을 두 번 당한 정당은 멸문지화를 당할 것이다." "탄핵에 찬성하면 우리 당에 기회가 올 줄 알았지만, 아니었다." 등등의 발언을 쏟아내며 내란으로 얼룩진 민주주의 체제를 수습하는 것보다 자당과 자신들의 의원직이 더욱 중요해 보이는 듯한 행보를 보여왔으며 이는 독재의 망령이 "자신들의 기득권을 유지해 준다면" 독재의 망령이라도 지지하고 민주주의 자체를 부정해 보겠다는 심보가 아닐 수 없는 것이다. 그간 수많은 당직자가 독재의 망령을 내쫓으려고 시도했지만 결국 독재의 망령에 잠식당한 채 자정을 부르짖던 사람들을 기어코 내쫓거나 억압하며 오로지 당의 의석과 여당 지위에 골몰하던 결말은 내란 옹호, 내란 동조 정당이라는 낙인이 될 수밖에 없으며 이번 12.3 내란에도 불구하고 이러한 정당들을 위헌 정당으로 규정하지 못한다면, 혹은 규정하지 않는다면 대한민국에 내란의 불씨와 독재의 망령은 다시 극단주의에 기생하여 그 세를 불릴 것이 자명하다. 이제, 자정 작용조차 거부하는 위헌 정당들은 독재의 망령과 함께 그 끝을 맞이할 때가 되었다.

세 번째 키워드: 위헌 정당의 위험성

> "헌법상 민주적 기본질서에 실질적 해악을 끼치는 구체적 위험성을 제거하기 위해서는 정당해산 외에 다른 대안이 없으며.."

헌법재판소가 통합진보당을 해산한다고 결정한 때에 등장한 문장이다. 이 문장에서 알 수 있듯이 헌법상의 민주적 기본 질서에 부합하지 않는 동시에 본질적으로 민주공화국 체제 자체를 무너뜨릴 수 있는 심대한 실질적 해악을 끼치는 정당이라면 해산 조치 외에는 다른 대안이 있을 수 없다. 그 이유는 당연하게도 헌정질서에 해를 끼치는 선동을 "정당"이라는 제도의 보장 속에서 지속하여 이어나가 결국 민주주의적 기본 질서를 근본적으로 흔들 수 있기 때문이다. 그리고 국민의힘과 자유통일당은 "헌법이 규정하는 민주주의적 기본 질서"에 실질적 해악을 끼치는 "구체적 위험성"을 품고 있는 인사들을 당 내부에서 끝내 배제하지 못하였으며 정당 해산 외에는 이러한 구체적 위험성을 제거할 방법이 없다는 헌법재판소의 결정 요지와 정확히 일치하는 모습을 보이는 점에서 위 두 정당이 해산되지 아니할 시 대한민국의 민주주의적 기본 질서에 끼칠 위험성이 매우 막대하다고 할 수 있다. 그리고 윤석열과 국민의힘, 자유통일당이 상대 정당, 상대 정치진영을 협치의 대상으로 끝끝내 존중하지 않았고, 존중하지 않고 있는 것이 실제로 위헌 정당의 위험성이 무엇인지 증명한 셈이라고 필자는 12.3 내란 이후 분석하고 있다. 대한민국 정치는 민주화를 이룩하는 데에 성공하였지만 독재의 잔재를 완전히 제거하지는 못하였으며 이는 민주주의의 힘으로, 국민의 힘으로 국정 농단범과 내란범을 모두 축출하는 데 성공했음에도 불구하고 필자가 위헌 정당 해산 심판의 필요성을 부르짖는 이유이다. 국민의힘과 자유통일당의 위헌 정당 해산은 군사 독재라는 무거운 역사의 잔재를 "완벽하게" 청산할 마지막 기회이며 이 기회를 살리지 못한다면 우리는 한국 정치에서 또 수십 년간 내란 옹호와 독재 옹호 세력이 등장하고 세를 불리는 것을 지켜봐야만 할 수밖에 없다는 것을 12.3 내란은 증명하고 있다.

국민의힘과 자유통일당, 이 두 위헌 정당의 위험성은 12.3 내란을 전후하여 한국 사회를 분열시키는 것으로도 모자라 민주주의와 삼권분립 체제를 정면으로 부정하는 그릇된 정치세력과 그 지지층이 "보수"라는 탈을 쓰고 필자가 이 책을 쓰는 이 순간까지도 건재함을 유지하고 있는 것으로 간단히 설명이 가능하다.

당장 민주공화국인 대한민국의 국민을 대표하는 지위를 가진 국회의원이 집회에 나가서 대한민국의 헌법기관들을 모조리 부숴야 한다고 선동하고 있는데도 집회에 참석한 태극기를 든 지지자들은 오로지 박수와 환호를 보내고 있을 뿐이었다.

"오로지 박수와 환호를 보내고 있을 뿐이었다."

대한민국의 민주주의가 얼마나 많은 국민의 피땀으로 지금까지 오게 되었는지를 되새겨보면 이는 그야말로 소름이 돋는 한 문장이 아닐 수 없다.

물론 극단적인 성향을 바탕으로 하는 지지자들이 "때려 부숴야 한다, 다 밀어버려야 한다"와 같은 극단적인 발언을 쏟아내는 것은 하루 이틀 일이 아니었고 실제로 그로 인한 사건 사고 역시 많은 편이었으나, 결국 서부지법 폭동이라는 헌정사상 초유의 폭동이자 내란이 이번 12.3 내란의 연장선으로써 발생하고 말았고 자신들이 하는 말 한마디가 그 자체로 폭동의 시작이자 민주주의 파괴의 원인이 될 수도 있다는 사실을 인지하고도 정부 여당 소속 국회의원이라는 사람은 공수처, 선관위, 헌법재판소 모두 불법과 파행을 자행하고 있다면서 때려 부숴야 한다고 주장했고 해당 의원에 대한 당 차원에서의 징계는 당연하게도 없었으며 윤석열을 지지하기 위해 집회에 참석한 사람들은 이를 당연한 국민저항권이라며 환호성을 보내고 있었다. 이는 국민의힘 내부에서는 별 논란거리조차 되지 못했던 모양이다. 당연하겠지만 중앙선거관리위원회와 헌법재판소는 그 독립성이 헌법에 보장되어 있는 헌법기관이며, 이를 쳐부수자는 발언을 집회에서 하였다면 원칙적으로 당연히 내란 선동이다. 그러나 해당 국회의원을 내란 선동범으로 인지하는 사람은 필자의 눈과 귀에 따르면 적어도 국민의힘 지도부 중에선 없어 보였고, 탄핵 반대 집회에 참석한 사람 중에서는 없어 보였으며, 탄핵이 기각되길 바라는 사람 중에서는 아무도 없어 보였다. 이것으로 헌법상 민주적 기본 질서에 심대하고 실질적인 위협이 과연 무엇을 뜻하는 것인지 독자 여러분께서도 감이 팍 오실 거라고 필자는 생각하는 바이다. “내란을 선동하는 사람들”이 내란 선동 피의자가 아니라 “보수 정치인”으로 인정받고 심지어 “국민을 대표하는” 국회의원이라는 자리를 차지하고 있으니, 대중의 눈에 내란 선동이 내란 선동으로 보이질 않고 내란 옹호가 내란 옹호로 보이질 않고 있다는 문제점이 가면 갈수록 심해지고 있다는 것. 이러한 현상이 바로 대한민국 헌정질서에 실질적인 위협이 아니라면 무엇이겠는가? 그 무엇보다 엄정히, 엄중히 받아들여져야 할 국헌문란이라는 개념이 정치진영이라는 프레임에 묻혀서 헌정질서 그 자체를 흔들고 있는 현실을 우리는 반드시 직시해야 할 필요가 있다. 위헌 정당의 위험성은 이미 12.3 내란을 전후하여 수없이 많은 그들의 언행과 그러한 극단적인 논리에 선동당하고 있는 사람들의 존재로 인해 실질적으로 우리 사회에 다가오고 있으며, 따라서 비록 쉽게 상상할 수는 없는 그림이겠지만 그간 "보수"라고 인정받아 오던 그들이 이젠 "대한민국에 있어서는 안 되는 정치세력"으로 다시 규정되어야 한다.

요약: 위헌 정당 해산의 당위성은 이미 충분하다.

이번 문단은 필자가 이 책을 통해 독자 여러분께 전달하고자 하는 수많은 내용 중에서도 가장 핵심적인 내용으로써 사실상 필자가 이번 12.3 내란을 분석하는 총평이자 "가장 중요한 요점"이기 때문에, 별도로 간략한 요약을 덧붙여 보고자 한다.

우선 자유통일당 해산에 대한 당위성부터 요약해 보자면, 서울서부지방법원 점거 폭동이 별개의 내란에 해당하는가에 대한 수많은 의문이 있을 수 있지만 필자는 서부지법 폭동이 위헌, 위법한 비상 계엄령이라는 거대한 내란 획책 시도가 아닐 뿐이지 법적으로 엄연히 내란에 해당한다는 관점을 견지하고 있다. 헌법에 따라 설치된 헌법기관에는 법원이 포함되어 있고, 무력을 동원하여 헌법기관의 권능 행사를 정지시키려 하는 것을 형법이 명백한 내란으로 규정하고 있기 때문이다. 모든 국민은 법 앞에 평등하며 법이 규정하고 있는 내란의 죄라면 내란이 당연히 맞다. 그리고 서울서부지방법원은 당연하게도 헌법에 따라 설치된 법원이라는 헌법기관이며 폭도들의 무력에 의하여 그 권능 행사가 일시적으로 정지될 뻔하였으며 실제로 일부 업무는 정지되었다.

이는 서울서부지방법원이 입은 재산 피해만 법원행정처 추산 6~7억 원에 달한다는 점과 서부지법의 민원 상담 업무가 1월 24일까지 불가능하였다는 점으로 증명된다. 설령 서부지법이 전면적으로 권능 행사가 불가능한 수준에 이르지 않았다고 한들, 내란 미수범을 처벌하지 않는다는 형법 조항은 그 어디에도 없으며 형법 제89조에 내란 미수범은 처벌한다고 적시되어 있다. 그리고 이러한 폭동 사태가 발발하기 이전부터 "서울구치소에서 윤 대통령을 꺼내와야 한다" 등등의 발언을 쏟아내며 사실상 폭도를 양성하기에 바빴던 자가 다름 아닌 사랑제일교회와 자유통일당의 정점인 전광훈이었고 실제로 내란 선동 혐의로 입건되었으니, 자유통일당은 이 단계에서부터 국헌문란을 꾀한 죄로 위헌 정당 해산이 되어야 마땅하다.

이어서 국민의힘 해산에 대한 당위성은 더욱 간략히 요약해 볼 수 있는데, 대여섯 개의 문장만으로 요약할 수 있을 정도이다.

> "명명백백히 내란을 옹호하거나 선동하고 있는 것이 분명한 사람들이"

> "그저 보수 정치권으로 인정받고 보수 정치인으로 인정받기 때문에"

> "내란 옹호, 선동이 그저 보수의 견해로 비추어지고 있을 뿐"

> "실제 대중의 인식에서 내란 옹호, 선동으로 보이지 않는 경우가 많아지고 있다."

“국헌문란이 국헌문란으로 보이지 않으니 이는 당연히 헌정질서에 중대한 위협이 되는데”

“국민의힘은 보수라는 탈을 쓰고 국헌문란이 경시되는 현상을 주도하고 있다.”

이 6개의 문장이 필자가 국민의힘의 해산을 주장하는 이유이다. 국민의힘이 이번 12.3 내란을 계기로도 끝까지 해산되지 않고 그저 선거에서 참패하는 수준으로 한국 정치에 잔류하는 것에 성공하게 둔다면 그 자체로 헌정질서에 중대한 위협이 되는 요소를 방치하는 것이며, 큰불이 잡혔다고 잔불 체크를 제대로 하지 않고 진화를 마무리하는 꼴이다. 내란 획책이 “계몽령”으로, 내란 옹호가 “자유민주주의 지키기”로, 내란 선동이 “살아있는 정의”로 인정받는 나라만큼은 우리 모두 막아야 하지 않겠는가? 위헌 정당 해산 심판이 병행되지 않는다면 또다시 내란의 “잔불”은 그대로 남아 대한민국의 민주주의를 야금야금 태워 먹을 것이 자명하다. 그것이 필자가 이번 ‘위헌정당해산’ 심판에 대하여 요약하면서 독자 여러분께 전달하는 핵심이다.

4-3) 민주시민교육, 건전한 정치 참여 교육의 확립 및 체계화

필자는 이 책에서 내내 한국의 민주시민교육은 총체적 난국 속에 있으며, 교육이 건강한 청소년, 청년의 정치 참여를 이끌지 못하고 있다는 점을 집중적으로 강조한 바 있다. 그렇다면 그런 총체적 난국을 과연 어떤 방향성으로 해결해야 가장 이상적일까? 필자가 생각하는 해결책들을 가능한 한 모두 이번 단원에서 풀어보고자 한다.

우선 이런 민주시민교육의 부재를 논할 때 반드시 필자가 언급하는 부분은 현재 한국 교육이 고질적으로 가지고 있는 다양성의 부재와 무한 경쟁의 암적 요소이다. 일각에서는 아예 한국 교육이 계급적이고 파쇼 독재적이라고 언급하기도 할 정도이고 필자 역시 그러한 대목에 일정 부분 공감하고 있다. 한국 교육이 본질적으로 가지고 있는 파쇼 독재적 요소들이, 미시 파시즘적 요소들이 분명히 있다고 필자 또한 생각하고 있을 정도이니 말이다. 정치를 건강하게 만드는 것은 결국 이념, 이상의 다양성이 철저히 보장되는 것에서 시작하는 것은 당연지사인데 한국 교육은 그 시작부터 획일화된 경쟁 체제에 학생들을 몰아넣는다는 점에서 특히 극단주의에 취약한 구조이다. 이러한 문제가 해결되지 않는 한국의 민주주의는 "권위주의적 민주주의"라는 다소 불완전한 형태로 지속될 것이 매우 자명한 상황이기 때문에, 필자는 한국 교육이 그 다양성을 청소년, 청년 개개인의 단계에서부터 철저히 보장하고 적어도 "학습 효율"이라는 명목 아래 학생들의 자유란 자유는 모두 억압하고 통제하려 드는 작금의 교육 분위기를 탈피하는 방향성으로 나아가야 한다고 지적하고자 한다.

또한 한국 교육이 가지고 있는 암적 요소는 학교 분위기가 그 자체로 너무나 권위적이고 학생 개개인을 압박하는 기관으로 전락하였다는 점인데, 그러한 문제를 해결하기 위해서는 그간 철저히 등한시되었던 학생 인권의 완전한 보장을 공고히 해야 하며, 전국의 그 어느 교육기관이라도 학생 인권이 철저히 적용되게 하고 학생 인권을 위력이나 권위로 훼손하려는 그 어느 시도조차 일체 불가능하게 하는 확실한 법적 절차를 밟아 나가야만 한다. 그러한 견해의 연장선으로, 필자는 학생 인권법을 국회가 조속히 제정하는 것을 강하게 촉구하는 바이다. 교육이 권위적이라면 그 나라의 사회 또한 권위적이고 그 나라의 정치 또한 권위적일 수밖에 없으며, 학생의 인권이 보장되지 않는 사회는 청년의 인권도, 그 어느 소수자의 인권도, 극소수를 제외한 대다수 국민의 인권도 모두 보장되지 못하는 사회가 되고야 만다. 교육은 국가의 근본이며 사회의 원천이기 때문이다. 비록 일부 지역에서는 학생인권조례가 적용되고 있으며, 그러한 제도의 적용이 학생 인권을 확실히 진일보시킨 것은 사실이나 문제는 전국에 균일하게 적용되지 못하고 있다는 점과, 지역 정치권의 변화에 따라 학생들의 의견과는 무관하게 기껏 어렵게 제정시킨 조례가 소위 말짱 도루묵으로 전락하여 버리는 현상이 너무나 흔히 발견된다는 것이다. 이는 심지어 대한민국의 수도인 서울에서도 벌어지고 있을 정도로 보편화된 현상이다. 지역 정치권의 입김에 따라 생겨났다 없어졌다 하는 조례의 본질적 한계를 그대로 보여줌과 동시에 학생 인권 보장의 범위를 전국으로 확대하려는 시도 자체가 사실상 부재하다시피 했던 한국 정치와 한국 사회의 권위주의, 경직성을 상징적으로 보여주는 대목이라고 필자는 판단하고 있으며, 넓게는 정치 극단주의가 사라지지 않고 그 위력을 떨치는 원인 중 하나일 가능성이 높다고 분석한다. 애초에 가치관이라는 개념이 굳건하게 형성되기도 전에 권위적인 환경에 지속하여 노출된다면 권위주의에 대한 경각심이 자연히 상대적으로 옅어지고 "원래 학교라는 게, 학창 시절이 다 그렇다"라는 편견이 너무 당연하게 상식으로 자리 잡도록 기어코 유도하고야 마는 것이며 종국에는 "민주주의 국가에서 살아가는데 나 자신의 의지가 반영되는 사회에 몸담아 본 적은 전혀 없었던" 채로 성인이 되어 사회에 진출하게 된다. 민주주의라는 개념을 몸소 느끼지를 못했는데 어떻게 민주시민이 될 수 있겠으며 민주주의라는 개념에 대해 올바르게 인지할 수가 있겠는가? 이러한 체감의 괴리 탓에 민주주의를 그저 투표할 수 있는 체제 정도로만 알고 있는 경우가 수두룩하다. 청소년이 경험하는 사회는 기성세대가 겪는 '큰 사회'보다는 대체로 가정 혹은 학교라는 형태의 '작은 사회'에 가까우며 특히 교육기관이라는 틀 안에서 보내는 시간이 절대적이라는 것을 생각하면, 이러한 크나큰 괴리를 개선하지 않는 이상 민주시민의 육성은 당연하게도 앞으로도 지지부진할 수밖에 없으며 나라의 미래라는 청소년들이 극단적인, 혹은 친독재적인 사상에 경도되기도 상대적으로 쉬워진다. 성적을 위한 공부에 바쁜 나머지 정치, 사회 문제들에 대해 생각할 시간이 부재하게 되는 것을 포함하게 되면, 필자가 서술한 총체적 난국이 어떤 현상을 의미하는지 독자 여러분께서 인지할 수 있을 것이다.

더군다나 이러한 무한 경쟁의 폐해만이 민주시민교육에 있어 청소년에게 민주주의의 괴리감을 가져오게 하는 부정적 원인으로 국한되지 않는다. 그 괴리는 단순히 무한 경쟁으로 형성된 성적의 격차뿐만이 아니라 제도적으로 대단히 실체적인 괴리로 청소년들에게, 학생들에게 다가오기 때문에 그런 것이다. 한마디로 분명 대한민국이 민주주의고 민주공화국이라고 하는데 자신이 직접 참여할 수 있는 민주주의, 민주주의적 요소는 거의 발견할 수조차 없는 현실이 청소년이 느끼는 한국의 민주주의이며, 그것이 바로 필자가 누차 강조하는 "실질적인 괴리"이다. 물론 학교에서 민주주의에 기반하여 투표로 반장을 뽑고, 학생회장을 뽑는다. 그건 분명히 민주주의이다. 그러나 문제는 거기서 끝이라는 점이다. 투표로 뽑힌 "정통성 있는" 학생회장에겐 이렇다 할 권한이 전혀 없고, 학생들의 학교와 교육에 대한 의견은 학교와 교육청과 교육부에 의해 묵살당하기 일쑤이고, 대통령, 자치단체장 정당 한 번 바뀌면 존재하던 인권 조례도 하루아침에 싹 없어지니 청소년은 자연스레 기성세대의 뜻대로 "통치"된다는 인식을 주고 있다. 그리고 이러한 현상의 모든 근본적 원인은 "성적 향상" "면학 분위기" 등등의 키워드를 명분으로 학생들에게 민주주의 대신 야간타율학습을 가르쳤고 이를 너무나 당연하게 여기던 한국 교육의 총체적 부조리에서 기인한다.

> "어리고 머리에 피도 안 마른 녀석들이 무슨 정치를 알겠다고 하나. 공부나 열심히 해야지."

필자는 저런 말을 들으면 참 답답함을 느낀다. 과장을 하나도 보태지 않고 고구마 100개를 한 번에 먹은 듯한 답답함을 느낀다. 어릴 때 민주주의라는 개념을 제대로 교육하지 않고, 제대로 느껴보게 하지 않으면 필자가 위에서 서술한 대로 고정관념이 생겨나기 시작하는 성년이 되면 그릇된 정치 관념을 쉽게 고치는 것이 불가능하다. 정치적 가치관이란 철저히 청소년기에, 고정관념이 채 형성되기도 전에 발전하고, 자리 잡아야 이상적인 개념이며 따라서 올바른 민주주의는 그들이 말하는 "어릴 때" 오히려 제대로 알려주고 각인시켜 주어야만 평생을 민주시민으로써 민주주의를 되새기고 살아가도록 할 수 있는 원동력을 심어 줄 수 있다고 필자는 분석하는 바이다. 만일 한국 교육이 이번 12.3 내란 사태를 목도하고도 그간의 부조리적 면모에서 환골탈태하지 못한다면 이 나라의 청소년, 청년들은 날이 갈수록 진일보하는 선전 선동 기법에 잠식당하고, 더욱 극단적인 독재주의에 경도되고야 말 것이며, 청소년, 청년 사이에서 "우경화"라는 현상이 "보수화"라는 이름으로 포장되는 걸 절대로 막을 수 없을 것이다.

4-4) 구시대적 제도 및 분위기 쇄신의 방향성 확립

필자는, 현재 대한민국이 21세기에 접어든 지 어언 25년째에 달했음에도 불구하고 아직 구시대적 제도 및 분위기가 대대적으로 지적되고 이를 총체적으로 쇄신하고자 했던 시도 자체가 정치적으로, 그리고 사회, 문화적으로 손에 꼽을 정도로 적다는 사실을 위에서도 정말 많이 반복했었고 지금도 주장하고 있다. 도서의 마지막에 돌입하면서 다시금 강조하고자 하는 것은 한국 사회가 필자가 지금껏 열거한 모든 구시대적 제도를 중장기, 길게는 수십 년에 걸친 명확한 노선을 형성하고 그렇게 만들어진 노선을 기반으로 계획을 입안, 실행토록 하여 부조리를 반드시 쇄신해야 한다는 "분위기"의 확고한 형성이다.

이번 12.3 내란은 한국 정치, 한국 사회에 수많은 경종을 울려댔지만 가장 주목해야 할 점은 박근혜-최순실 게이트로 촉발된 국정농단과 계엄 문건, 그리고 탄핵소추와 파면이라는 민주주의의 위기를 한 차례 목도하고 경험했음에도 이로부터 채 10년도 지나지 않은 시점에서 12.3 비상계엄이라는 형태의 내란 획책을 시작부터 차단하지 못하고 간신히 틀어막을 수밖에 없었다는 사실이다. 물론 다행히 결과적으로는 내란 시도를 성공적으로 봉쇄하고 그 수괴를 단죄하는 단계로 들어가고 있기는 하지만 10년이 채 안 되는, 결단코 길다고 할 수 없는 시간 동안 우리는 내란의 힘이 그 세를 불리는 것을 제때 눈치채지 못했고 눈치를 챈 시점에서는 내란 획책을 막기에 너무 늦어버렸다. 이토록 명백하게 역사책에 남아버릴 현대사의 과오를 대한민국의 정치와 민주주의가 다시 반복하지 않기 위해서는 지금까지 우리가 그간 늘 봐왔던 정치, 필자가 볼 때 다분히 보수적이고 수구적인 정치 방식을 전면 폐기하고 사회문화적 진보라는 새로운 목표와 새로운 지평을 바라봐야 할 필요가 반드시 있다 할 것이다. 그리고 그러한 전면적인 변혁을 위해 가장 시급한 것은 우리 사회의 고정관념을 모조리 리셋시키는 절차인데, 이는 필자가 보기에도 대단히 지난한 과정일 것이 자명하며 또한 정말 오랜 시간과 부단한 노력을 동반해야 하는 프로젝트일 것임이 자명한바, 우리 사회에 산적한 부조리의 개선을 위한 방향성에서 큰 틀의 합의를 이룩하는 데에 성공했다 한들 세부적인 노선, 방향성 차이가 또다시 대두될 것이며 따라서 우리 사회가 일관된 인내심을 보여줄 필요 또한 급상승하게 된다. 그간 우리 사회는 진보적인 정책이나, 진보 정책을 주장하는 내지 펼치는 정치인에 대하여 장기적이고 꾸준한 인내심을 보여준 적이 사실상 없었기 때문이다. 즉 하루하루가 갈수록, 날이 갈수록 항상 다른 형태의 성과를 요구하는 "빨리빨리" 문화와 심리를 작게는 정치에서 배제해야 하고 크게는 사회 전체를 통틀어 빨리빨리 현상을 전면 재고해야 할 필요성이 대두된다고 필자는 주장한다. 또한 이제는 정치에 대해 생각하고 논할 때 있어 "다른 것"과 "틀린 것"을 명확히 하고, 다른 것을 더욱 존중하며 틀린 것을 더더욱 틀렸다고 강조하는 문화가 확립되어야 한다는 생각이 필자에게 계속해서 들고 있는데, 그 이유는 현재 한국 정치 여론을 관통하는 핵심적인 문제인 교조주의에서 기인한다. 우선 "틀린 것"을 더욱 강조하자는 논리가 무엇인지에 대해 간략히 설명하자면, 필자는 최근 커뮤니티에서 이러한 논조의 글을 보았다.

> "지구가 평평하다는 설을 황당무계한 근거를 기반으로 진지하게 이야기하고 또 그것에 선동당해서 홀딱 넘어간 사람이 100만 명 이상이 되는 현실이라 그러면 지구가 평평하다는 논리가 지구가 둥글다는 논리와 대등하게 양립할 수 있는 거냐?"

필자는 이 글을 읽고 21대 총선 당시부터 등장하여 허구한 날, 잊을 만하면 한국 정치판을 들쑤시고 있는 부정선거 음모론에 이 글을 대입하여 보았다.

> "민주당이 부정선거를 주도하고 있다는 논리를 증명되지도 않은 음모론을 기반으로 진지하게 이야기하고 그 음모론에 선동당해서 부정선거를 주장하고 있는 사람이 100만 명 이상이 된다는 현실이면 부정선거 음모론이 부정선거는 없다는 논리와 대등하게 양립할 수 있는 거냐?"

이렇게 대입해 보면 더 길고 장황하게 설명할 필요가 전혀 없어진다. 이 큰따옴표 속 두 문장만으로 필자의 의도를 독자 여러분이 짐작할 수 있으리라 확신한다. 참으로 비슷하다 못해 똑같은 두 음모론, 바로 지구가 평평하다는 음모론과 부정선거 음모론이다. 그리고 두 음모론 모두 명백히 "틀린 사실"이지 "다른 관점"이 아니라는 것도 똑같다. 그러나 부정선거 음모론은 한국의 극단주의 정치진영을 중심으로 너무나 확고하게 퍼져나간 나머지 분명히 틀렸음에도 불구하고 다른 것처럼 호도되어 대중에게 전달되고 있다. 필자는 바로 이러한 현상을 언급하는 것이고, 지적하는 것이며, 강조하는 것이다. 너무나 당연하게도 틀린 것을 멀리하고 그릇된 내용이 퍼져 나가는 걸 막아야 하며 그것만이 지난 수십 년 확고하게 자리잡혀 한국 정치를 오래도록 괴롭히던 교조주의에서 탈피할 수 있는 유일한 길이라고 필자는 다시금 확신한다. 또한 더욱 진일보한 정치와 더욱 진일보한 사회로 우리나라가 거듭나기 위해서는 다름을 인정하고 다른 점을 존중하는 문화를 건설해야만 하는데, 틀린 것을 강조하기 위해서 음모론 등의 틀린 내용을 단지 다른 것처럼 받아들이지 않는 것이 중요하다면 다르다는 것, 즉 차이를 강조하고 인정하기 위해서는 다른 개념, 다른 내용, 다른 사람들을 틀린 개념, 틀린 내용, 틀린 사람들로 오도하는 일이 없어야만 하겠다. 이 역시 필자가 간절히 바라고 있는 한국 사회의 총체적 진보를 위해서 일관되게 견지되어야 하는 핵심 사항이다. 우리 사회는 그간 다름에 대한 인식과 소수자를 존중하고 배려해야 한다는 인식이 너무나, 총체적으로 부족했고 부족한데 이는 현재에도 진행 중인 문제에 해당한다. 보편이라는 개념에서 벗어나는 순간 너무나 당연하게도 차별받을 수밖에 없고, 눈초리를 받을 수밖에 없는 사회 구조가 지속되어 왔으며 이러한 문제가 해결되지 않는다면 내란의 힘을 원천 봉쇄하는 것에도 한계가 있을 수밖에 없다. 민주주의의 근본이 다양성 존중으로부터 시작한다는 것은 물론이거니와 내란의 힘은 언제나 다수 내지는 기득권의 편에 붙어 소수자를 억압하려 드는 것으로 그 세를 불린다는 특징이 있기 때문이다. 당장 이번 12.3 내란을 옹호하고 "계몽령"이라는 단어를 꺼내가며 대중을 선동한 자들의 공통적인 특징이 어떠했는가? 다름을 인정하지 않고 오로지 자신들과 다르면 그것은 틀렸다는 이유로 "반국가세력"이라고 규정해 놓는다던가, 중국인, 더 나아가서는 화교라는 "소수자"를 근거 없는 선동으로 깎아내리고 비하하며 혐오 감정을 바탕으로 그 세를 불린다거나 하지 않았는가? 내란의 힘과 극단주의는 언제나 결부되며 언제나 "차별"을 먹고 마시며 자라난다. 그것이 우리가 "차이"를 존중해야 하는 이유이고, "차별"을 "차이"와 구별해야만 하는 이유이며, 부조리 쇄신을 위한 분위기를 확고히 만드는 데에 있어 "차이"의 존중과 "차별"의 배격이 가장 중요한 요소인 이유라고 할 수 있다. 내란의 힘에 더는 차별이라는 형태의 여지를 주어서는 안 된다. 여지를 줄 수밖에 없는 구조적 문제가 있다고 한다면 그건 비록 수십 년이 걸리더라도, 그 문제를 개선하는 데 우리 생애를 통째로 투자해야 하는 한이 있더라도 반드시 그렇게 해야 한다.

혹자는 이렇게 말할 것이다. 여기 열거된 모든 문제를 우리가 그간 몰라서 못 바꾸고 있었냐고, 알면서도 해결이 안 되니까 이렇게 말과 글로 탁상공론이나 하고 앉아 있는 것이 아니냐고, 높으신 분들이 움직이는 정치를 당신 힘으로 어떻게 바꾸어갈 거냐고.

이러한 말들에 대한 필자의 답을 적어 보면서, 도서를 마치겠다.

> "그렇게 생각하는 사람들이 많은 것이 사실이다. 잘못된 일에 대해 하다못해 담벼락에 소리라도 치는 사람들이 적었다. 그래서 우리는 내란 세력에 나라를 내줄 번했다. **이제 그 무너질 기미 없는 담벼락에 있는 힘껏 소리칠 때가 되지 않았는가."**

도서를 마치며

2024년 12월 7일. 제가 이 책을 쓰기 시작한 건 윤석열 대통령 탄핵소추안이 정족수에 미달하여 본회의에서 투표 불성립 폐기되었던 그날, 그 순간이었습니다.

정당과 무관하게, 정파에 무관하게, 정치 성향에 무관하게 그 어느 상황에서도 헌법을 준수하고 민주주의를 수호해야 하는 의무가 있다는 국회의원들이 대통령 탄핵소추안에 대해 무려 100명 이상이나 '투표조차 하지 않았다는' 사실은 한국의 민주주의가 정말 심대한 위기에 빠져 있음을 저에게 느끼게 했습니다.

그저 자신의 정당이 배출한 대통령이라면, 콘크리트 지지층이 열렬히 지지해 마지않는 대통령이라면 내란 수괴일지언정, 위헌 위법한 대통령일지언정 무조건 안고 가야 한다.

그것은 저의 눈에 마치 국회의원이 아니라 "국힘"의원으로 보이는 것이었습니다.

그것을 목도하고, 저는 마치 뭔가에 홀린 사람처럼, 매일매일 단 하루도 빠지지 않고 글을 적어 나갔습니다. 한 문장이라도 더 쓰려고 부족한 필력으로 제 생각을 최대한 많이 담았습니다.

이 책을 쓰던 도중, 윤석열은 파면되었습니다. 결국 내란 수괴가 파면이라는 파멸을 맞이할 것은 너무나 자명했습니다. 그러나 거기서 끝나서는 안 된다고 생각했습니다. 박근혜-최순실 게이트의 그날이 뇌리를 스쳤습니다. 대한민국에 채 10년도 지나지 않아 또 국헌문란이 터진 것이었습니다. 이대로라면 반드시 머지않아 국헌문란이, 내란이 또 터질 것이라는 불안감에 저는 휩싸였습니다. 그래서는 절대 안 되는 것이었습니다.

그리고 저는 이 책을 작성하는 것으로써 대한민국의 국민인 동시에 민주시민의 한 사람이 되고자 했습니다. 잘못된 일에 대해 담벼락에 소리라도 칠 줄 아는 사람이 되고자 했습니다. 조직된 힘을 혼자 힘으로 만들 수는 없습니다. 그러나 조직된 힘은 만들 수 없을지언정 깨어 있는 시민은 되려고 노력했습니다. 그저 민주주의의 중대한 위기 속에서 발만 동동 구르는 것이 아니라, 우리나라 우리 사회의 민주주의를 위해 티스푼 한 숟가락이라도 올려 보려고 했습니다. 그 결과물이 바로 이 책이라고 보시면 되겠습니다.

물론 앉아서 글 몇 줄 쓸 뿐인 것으로 민주주의를 지키고자 하는 대단한 노력으로 인정받기에는 무리가 따릅니다. 저 또한 잘 알고 있습니다. 그러려면 이 책 1권으로 그치지 않고 더 노력해야 한다는 것을 잘 알고 있습니다. 그러나 대단한 노력을 할 수 없는 상황이라면 자그마한 노력이라도 해야 한다고 생각했습니다. 유시민 작가께서 말씀하신, "해 달라고 하지 말고 해야지 그래야 바뀐다"라는 말의 의미를 다시 되새기는 시간이 아닐 수 없었습니다.

어떻게든 윤석열 탄핵 심판 결정 시기에 맞춰 정확히 출간시키려고 했으나, 저의 능력이 부족하여 그리 하지 못한 것은 대단히 크나큰 아쉬움으로 남아 있습니다. 또한 역시 저의 능력이 부족하여 뉴스 기사 외에 다른 자료들을 폭넓게 참고하지는 못한 점도 이제야 통렬히 깨닫는 아쉬움입니다.

당연하지 않아야 하는 게 당연해지고 당연해야 하는 게 당연하지 않게 되어 버리는 시대, 그런 모순된 시대가 도래하는 것은 결코 상상하기 싫은 일이었습니다. 그러나 당연하지 않아야 하는 내란과 국헌문란은 어느새 그들에겐 당연한 일이 되어 있었고, 당연해야 할 삼권분립 존중이 그들에겐 당연하지 않은 일이 되어 있었습니다. 그들의 원인과 실체를 어떻게든 한 분에게라도 더 전달하고 싶었습니다. 정말 간절했던 거 같습니다.

수많은 어려움이 있었음에도 엄동설한에 거리로 나가 계엄군을 막아서고 빛나는 응원 도구를 흔들며 국회 앞으로 나와 한목소리로 계엄 해제를, 탄핵을, 파면을, 투쟁을 외치던 시민 여러분께 진심 어린 경의를 표합니다. 우리는 내란 세력과의 전투에서 승리하였습니다.

그러나 내란과의 전쟁에서는 아직 승리하지 않았습니다. 우리는 이제 전투가 아니라 전쟁에서 승리해야 할 것입니다. 내란과 국헌문란의 시도가 대두될 때마다 막아내는 수준을 넘어 애초에 내란 획책의 시도가 삼권분립과 양심의 영역을 절대 넘지 못하게 해야만 할 것입니다.

제2, 제3의 내란 수괴가 나와서는 절대로 안 됩니다.

그 가능성을 온전히 틀어막는 것이야말로 진정한 "전쟁에서의 승리"일 것입니다.

대한민국이 진정으로 내란과의 전쟁, 국헌문란과의 전쟁에서 승리하여 수백, 수천 년의 영화를 누렸으면 하는 간절함과 함께 내란 세력과의 전투에서 승리한 한국의 민주주의에 다시금 무한한 경의를 표합니다. 아울러 부족하기 그지없는 제 글을 끝까지 읽어 주신 독자 여러분께 무한한 감사 인사를 드립니다.